20 世纪中国图书馆学文库·16

民众图书馆学

徐旭 著

圕 国家圖書館出版社

本书据世界书局 1935 年 4 月初版排印

目　　次

庄　序

　　五年前余率中山大学同学北来参观无锡教育学院,始识徐君寅初,时徐君任该院圕主任,相谈甚恰。一年以前,徐君任此职已满五载,拟休假赴粤入研究所,来函询余,余欣然诺之。研究所定章本不限于大学毕业,惟必具教育上丰富经验,徐君在之大修业二年,即以经济困难而辍学,既出任事,且以余资助其弟在金大农科毕业,己则以任职圕中,日拥书城,勤读如昔,故余信其程度不在一般大学毕业生下,而经验则过之。惟研究所章在六年前开办时订定,中山大学当局既更,对于徐君入所事竟事留难。余乃以去就争,盖余以为另有其他理由不纳徐君犹可说,仅以无羊皮纸而不许,殊不近情理也。

　　余既北来,一面任教浙大,一面为中山文教馆规划研究部教育组事,徐君复来从,且以近著"民众圕学"见示。余读之,觉所谈虽无高论,但切实际,而非人云亦云。今之谈圕学者每钞袭异国,余夙主教育中国化,圕学固非例外,因欣然促其付梓。在中国办圕已与外国不同,办民众圕尤然。徐君且将再写"民众圕实际问题"一书问世。余深信未来之中国教育必将以民众教育为主体,而民众圕又将为民教中心,则此书出后,或能引起大众对民众圕之注意,其裨益岂浅鲜哉? 因乐为之序。

民国二十三年夏泽宣识

俞　序

公共图书馆事业,在民众教育设施上之重要,各国教育家论之详矣。盖教学之方虽不一其途,而图书为教育之优良工具,则无疑义也。余游历欧美,所观各大都市宏伟之图书馆,不仅惊其搜藏之美富,保存之得宜,尤注意于其文籍流通之广,与使用之便。美国图书馆协会所揭橥之三义"集最有用之书籍,用最经济之方法以供给大众之应用"足以尽之。我国今日民众教育事业蒸蒸日上,顾以文字艰难,阅读之能力尚未普遍,民众圖之创立既少,其办理亦特难,徐君寅初长于干才,热心社会服务,曾致力于民众圖及社会教育有年,深明民众圖之方法,既不可拘执成规,又不应徒事钞袭,希自辟一新途径,不惮烦琐,编著此书,对于圖之原理,以及应用之方法,无不条分缕析,而所论各国公共圖事业之发展,亦征详尽。最后两章,更抒其历年办理民众圖之经验及研究之心得,以饷国人,其有裨于民众圖事业之进展匪浅,余既快先睹,不揣谫陋,谨志此书之特点,与徐君倡导之毅力与热忱为读者告焉。

俞庆棠二十三年十月

自　序

　　本书是著者过去在无锡,前江苏省立民众教育院,劳农学院,现江苏省立教育学院,滥竽了五年圃主任,兼充圃实习指导,圃学科讲授,几经修编的讲义稿。因为著者是未曾受过西洋圃学的洗礼,所以既无宗派,又无传统,其内容免不了东鳞西爪,七拼八凑。有的只拾其皮毛,未识肺腑;有的只见其一角,未窥全豹。尤其是由"实验"而杜撰出来的大部分,也许只顾到实际,而违反了成规;只依凭着主观,而忘却了原理。若用研究圃学的一般眼光来看,那末有些在圃理论上讲,是没有根据的;有些在圃方法上讲,是不适常道的。凡此种种,只有希望海内圃界先进专家,和曾薰染过圃学出身的明达者之指正了。今日所以敢不揣肤浅,将此槧梓者,不过为我国民众圃前途计,用以抛砖引玉耳!

　　承庄泽宣先生,俞庆棠先生赐序,沈子英先生作图,深感荣幸,谨致谢忱。

　　　　　　　　　　民国二十三年八月徐旭自序于沪上

第一章　民众圕教育

　　近几年来,我国因为民众教育之积极推行和设施,所以凡是以前的和现在的各种社会教育机关,莫不改为或冠以"民众"两字,若"通俗教育馆"之改为"民众教育馆","平民学校"之改为"民众学校","识字处"之冠以"民众"为"民众识字处","茶园"之冠以"民众"为"民众茶园"。诸如此类,不一而足,于是圕也不能例外而冠以"民众"两字,为"民众圕"。骤视之而不加思索,则必以为"民众圕"者,不过是要迎合潮流,或迫于使命而加"民众"两字。在性质上,使命上,设施上,教育上,还是和一般圕一样。此为办教育的人作如是想,办社会教育的人作如是想,即专攻圕学和置身圕事业的人也作如是想。因此凡县立的民众圕,有误解为以前的"藏书楼";新创的民众圕,有误认为死板的"阅书处"。民众圕既被大家误解为"藏书楼",为死板的"阅书报处",为"小规模的圕",为仅仅设施文字教育的机关,致将其范围,弄得莫衷一是,不知将从何着手。其实圕而冠以"民众",在名词上已很明显地告诉我们,这个圕是为民众而设的,是为教育民众而设的。所以凡是民众圕,不论是县立的,区立的,乡邨的和其馆舍之大小是如何,但其教育工作乃是一样的。它的责任不仅在保藏图书,不仅在供人阅览书报,不仅在设施文字教育的事业,而且应当负起全县,全区,或全乡民众生活的发展,思想的改造和教育辅导的工作。果真办教育的和办社会教育的,大家都明白民众圕的范围,是以县立为

1

极,民众圖的工作,是以教育为准,则必不会再有错解或再会轻视民众圖了。果真办民众圖的工作人员,大家都明白民众圖之教育使命是何等的大,其于教育民众的工作是何等的重,则于民众圖之管理,经营,指导,教学等方法,必定不满于"萧规曹随"的工作,而要多下研究探讨的工夫,使时时刻刻产生出新的贡献来。

一 民众圖教育之意义

由教育两字而成的教育名词,实在是太多了。从教育设施程序上讲,有"小学教育","中等教育","高等教育"等。从教育设施地方上讲,有"家庭教育","学校教育","社会教育"等。从教育性质方面讲,有"识字教育","职业教育","道德教育"等。单从民众教育方面讲,也已有"文字教育","公民教育","生计教育","健康教育","休闲教育","艺术教育","社交教育"等。而今又有所谓"民众圖教育"的名词,这种别树旗帜,另挂牌子的现象,显然是立异名高。其实从民众圖教育的名词分析上,及此名词和其他名词的比较上来解释,即可明白这民众圖教育的真正意义,和其有单独成立的价值了。

(一)分析方面讲

1. 教育的意义——教育的意义,为教育家所下的大同小异的界说是很多。综合起来,不外是"教育于个人言是生活,于社会言是职能,将继续不断的个人改造经验,来适应,来创造未来的生活和社会。所以教育是凭藉过去经验,创造现在活动,开展未来理想的生活,以达到为社会创造自立的个人,为个人创造互助之社会为目的"。

2. 圖的意义——顾名思义,圖确不是拥书万卷,插架万轴,只尽其保藏的作用而已。它实在是"一所以合科学的及最经济的方法,搜集并整理世间中外古今的各种于人群有用和有益的图和书,供社会上一切人士随着各种的求智欲用最便利的方法来自由阅览和研究图书的机关"。

3. 民众的意义——其实这个名词,是不必费纸墨去赘述,可是为了目前有为政者是"管理民众",办党者是"训练民众",从事教育者是"教育民众"的现象,以致所谓"民众",似乎是全国除了党,政,教,三种人,其余的方为"民众"。甚有办民众教育的人,他们以为"民众"是单指贫贱或程度低下的人,乃是他们唯一的教育对象。这种错误的见解,我们应该铲除,而当明白"民众"者,乃指全国之"全民众"而言。

"教育","圕","民众",三个名词的意义都明白了。那末民众圕教育的意义,即可迎刃而解。它是"以圕为中心,以图书为出发,为进行,为归宿的教育轨迹,来适应,来创造,来开展个人的生活和社会的建设"。

(二)比较方面讲

1. 与圕教育——表面上"民众圕教育"与"圕教育",似乎是相同的。其实在专门的应用上比较起来,是全不相同的。因为"圕教育"的名词,在圕界常用来作为训练圕馆员的,内含着如圕学课程的标准,圕专门人才的培养法,圕普通工作人员的训练法,学校加授圕学的方法,圕暑期班或养成所的设施等等。所以"圕教育",是训练圕人才的教育,而"民众圕教育",简言之是向民众所施的一种教育。

2. 与教育圕——圕按照创立的目的不同上分,有"纪念圕","教育圕"等。所以"教育圕",乃是表明一圕设立之性质是为教育的。民众圕,当然也是具教育性质的一种圕,可是"民众圕教育"不是圕的一种,而是教育的一种。因此可说"教育圕"是圕的目的，"民众圖教育"是达到"教育圖"的一种手段。

3. 与文字教育——常人因为圖是收藏有文字的书籍，故有误解"民众圖"是"文字教育"的一种机关，或为实施"文字教育"的一种工具。因此也即以为"民众圖教育"是"文字教育"的一种方法而已。其实适成其反，夫文字教育的工具是文字，其最大目的是教民众识字，用字，读书和求智。"民众圖教育"若照上面的定义看来，它的工具不仅是限于"文字"，它的目的不只是教民"识字，用字，读书"而已。这样比较下来，就可证实"民众圖教育"并不是"文字教育"的一种方法，但"文字教育"倒是"民众圖教育"的一种工具了。

4. 与民众教育——因为错解"民众圖"是"文字教育"的一种机关，和错解"民众圖教育"是"文字教育"的一种方法，所以即推论到"民众圖教育"充其量也不过为"民众教育"的一项。可是从"民众圖教育"的定义来看，就可明了而得下之相等公式。"民众圖教育等于民众教育"，这是因为"民众圖教育"与"民众教育"是一样可能的来设施各项民众教育事业。二者在性质上和目的上都是完全相同，其所异的，乃在方法而已。民众教育方法，可用任何一种工具，或一种方式入手，民众圖教育方法，则必须依准绳，循定轨，不离圖做去耳。

"民众圖教育"一名词，既与"圖教育"，"教育圖"，"文字教育"，"民众教育"等名词，皆有其不同之处，且它有它可以独立存在的特点，这何能与立异名高的事业等量齐观呢？

二　民众圖教育之重心

事半功倍，决非偶然，所可能者，必先认清一事的重心，然后措施得宜，方可成功易而收效速。民众圖教育的重心为何？还在众说纷纭，莫衷一是的时候，所以各圕要收其预望的功效，自然有如缘木求鱼之难。作者认为民众圕教育的重心——

（一）不是馆舍　当然没有馆舍就不能有圕，没有圕就不能实施民众圕教育，馆舍虽是为构成圕的要素之一，可是因为它本身不过是一个空躯壳，死架子，不会活动，不会施教，不会继续不断地工作，所以它决不能算是民众圕教育的重心。

（二）不是图书的数量　有很不少办理圕的人，常为了经费的缺少，不能多购图书为苦，他们以为图书之多少，乃是评判圕成绩优劣的天平秤，今馆内图书很少，那能干各种所要干的教育工作呢！岂不知图书虽少，若能将其以一当十，以十当百的尽量供人应用，比之图书万卷而不能活用的好得多哩。所以民众圕教育的重心，不在图书数量的多了。

（三）不是图书的质量　现在有许多人感觉到圕要收教育的功效，确是不在图书数量之多。因为有许多书是不合民众的口味，或不合民众的需要。而为了不适合的书"多"，倒反在管理上，在检阅上发生了许多的困难。那末民众圕教育的重心，当在圕的质量了，因为本本书若是多合民众的口味和需要，我们的目的即可以达到。其实再请仔细一想，何种书是民众急迫需要的？何种需要可从何种书籍中找到？图书本身的内容虽好，可是也是死物不会随机应变，将各各不同的宝玉黄金，授给各各不同的需要者。所以圕质量的好，诚为民众圕教育的一种重要工具，可是不能推之为重心。

（四）不是对象　的确，既有"馆舍"，又有"图书"，若没有"对象"，仍不能发生教育的作用。那末民众圕教育的重心是在对象，似乎是毫无疑义了。但是要晓得"对象"与"图书"在圕中，若没有良师的指导和介绍，他们彼此所发生的作用，是无意识的，无多大价值的，况且有许多"对象"是不会用"图书"，或错用了"图书"，倒反发生种种的弊害。所以我说，民众圕教育的重心，也不是"对象"。

民众圕教育的重心,既不是馆舍,又不是图书数量之多少,和质量的好坏,更不是对象,那末究竟是什么呢？我说是圕的"馆员",其主要理由为：——

（一）馆员是圕的动力 要使圕活跃而有蓬勃之生气,积极地发生动力去干教育的工作,去发教育的能力,去收教育的效果,当"馆员"的是负全部的重大责任。因为只有良好的"馆员",才会鼓着动力去负这重大责任的。

（二）馆员是图书的生命 良好图书所藏的黄金,若要使人人得而开掘之,使人人能尽量地择尤采掘之,使人人能用最经济最便利的方法获得之,则全在圕的"馆员"身上。他们对于金矿的内容,当详尽的指示,对于开掘的方法,当明晰的说明,然后使"书可尽其利",此"馆员"之所以为图书之生命。

（三）馆员是对象的导师 圕的三要素,为"图书","阅者",和"馆员"。前二者之所以能发生密切的关系,全赖"馆员"为之介绍。阅者虽能自修自习,但在千万卷的图书中,当先修先习何书,以及如何修习某书等,皆非经过导师的指示不可。"馆员"是圕唯一的施教者,他一面要认识"图书",一面要认识"阅者",再用种种的导引方法,使对象能得到所要得的图书,使"人可餍其欲",此"馆员"之所以为阅者之导师。

因为"馆员"是"圕"的"动力",所以他可以将死的圕,变为活的源泉。因为"馆员"是"图书"的"生命",所以他可以将死的图和书,变为民众的摇钱树。因为"馆员"是"对象"的"导师",所以他可以将睁眼的瞎子,变为光明的千里眼。"馆员"既负了圕重心的职责,那末他们自身当具备些什么能力呢？是值得提一提的。

（一）学识方面 馆员既是图书的生命,对象的导师,所以除应当专精圕学外,其他各种学问,势不能不丰富兼备。明白了各种学术的范围,各种作品的内容,各种图书的源流,然后方可答问不误,应对得宜,尽"指导""解惑"之责。

(二)品性方面　馆员是圕唯一的授教者,那当然不单在学问上能指导对象,即算尽其能事,还应该在德行方面,以身作则,去潜移默化来馆之人。因此和蔼的态度,诚恳的动作,谦恭的礼貌,勤朴的精神,都应当全备的。庶几可以收学问教人,德行化人的最伟大教育之功。

(三)工作方面　圕的工作,原来是一种精细专门的工作,所以负施教之责的馆员,当有缜密的思想,清晰的头脑,周详的方法,处繁的手段,忍耐的毅力,刻苦的手脚,以及不怕难,不畏繁,不避琐细,不生怨尤的处事精神,否则决不会有好工作实现的。

所以馆员在民众圕内施教,不论是动的,是静的,是呆板的工作,或是关于学问的指导,处处当竭用其精力,综括的说,当民众圕教育重心的馆员,是应当会想,会讲,会干,会写,方才对于处事,对于指导,对于教化,对于宣传,都能绰绰有余的应付。

三　民众圕教育之对象

为了在我国过去(现在可说依然如此)认读书为士阶级的专有权利和义务,因之也就认圕是为他们而创设的,供他们去研究,探索,攻读。为了过去(现在大多还是如此)办圕的人,偏重于"书"之搜藏,而忽视了"图"之效用,所以圕也只可供读过书的人应用。为了大家误解民众圕是教育低浅程度民众的文字教育机关,所以仍发生了与上述二点虽异而实同的结果,就是民众圕教育,只可向稍识字者下工夫,对于专门研究者,和一字不识者,仍是不得其门而入。若是大家明白民众圕的教育使命是:一"使未受教育者,得启发其智能之生长",二"使现受教育者,得辅助其智能之生长",三"使已受教育者,得继续其智能之生长"者,那末定会认识这是一个最完善,最平等,范围最广,方法最活,可以教不论男,女,老,少,贫,富,贵,贱,有智,无智,全德,缺德,大能,小能,的大众教育机关。今分析它的对象则在

(一)智的方面有:

1. 文盲——在我国似乎每一个人都很要识字求智,但给他识字的机会,他又淡漠视之,民众夜校的情形,是一个很好的铁证。这当然或为了教学方法的关系,或为了上课时间的关系,或为了所识的字无由用的关系,但缺少激发继续不断地兴趣的鼓舞力,乃是最大的原因。民众圕教育,是利用各式各样适合各个文盲的图画,来引诱,来激起,来鼓舞民众自动要识字求智的兴味。然后或用看图识字,或用流动教学,或用民众识字牌,或开夜学校,去因时制宜,因势利导的干铲除文盲的工作。

2. 稍识字者——读二三年书的民众和在民众夜校毕过业的民众,为了贵族式学校的机关,是不容他们再进去。一方面因工作的关系,一方面因感不到迫切地应用文字的需要,于是不到一年半载,对于从前所识的字,完全忘记,竟致全功尽弃。所以民众圕教育,是要办工场,商店,茶园,旅行等文库,或常发民众必读书单,或于馆内特设民众文库,在在使他们得到图和书,若再加以劝导的工夫,自然会使稍识字者,发生兴趣,作更进一步的求智。

3. 识字者——这是指已受过国民教育五六年的民众言,他们在这生存竞争优胜劣败的时代,免不了要在社会挣扎,要与事业奋斗,可是因知识之不足,能力之薄弱,往往遇着失败的结果,而使人生灰色,颓废。欲除此患,只有民众圕可以增加他们的实力,充实他们的精神。因为它除了陈列若干切合他们的图书外,还可以施以学级的指导,和组织读书会,研究会,各种补习班,去教育他们。

4. 读书者——这是专指现在在大中学求学的。民众圕一"可

以供给他们凡为学校所未备或不备的图书"，二"可以使他们利用假期来阅书研究"，三"可以在无形之中，使他们明白一般民众的读书方法和需要，而使他们决心向求学务切实的路上走"。所以民众圕，不仅是学校教育的辅助品，也是学生求学的指南针。

5. 研究者——有许多专门的研究者，不论是受过高等教育，或未受过什么教育，但于自己的职业上，工作上，发明上，在在需要参考的教材。学校不能给他们，书店不能自由给他们，唯一可以供应他们即求即得的，只有民众圕，所以民众圕不啻是社会上大众的研究所。

(二)德的方面有：

1. 非法行为者——任性犯法，扰乱地方安宁，侵害他人自由的败类，照法是由地方上公安机关负责拘禁之，或由反省院制治之。在大多数的眼光看来，认为这等人是无法可教，但我以为民众圕可用德化默移的方法，若败子的回头，伟人的成功，行善的得福等图书，分室陈列，为其解释，或劝其阅读，引起他的同情心，向上心，而自惭，忏悔，改过，重生。

2. 不知公德者——"私"，确是吾人的大缺德，为了私就起恶念，生贪心，妨害公益，破坏团结。大家只知有己，只是为己，在不夺不餍上下工夫，哪里还能顾到公德呢？对于这种人，也只有以民众圕教育的方法，用须守公共秩序的环境，爱护公共图书的办法，使读个人与公众种种关系的图书，去戒除私心，培养公德。

3. 进德修业者——这一类良好的"君子"，民众圕也是十分应该去联络他们。一可以使他们百尺竿头，更进一步。二可以将他们的嘉行懿德，做现成的例，教诲他人。三可以为了他们的良善德行，去应响，去潜化来馆的一切其他民众。四可以请他们与馆合作来做于地方有益的种种教育事业。所以他们不啻是为我们施民众圕教育的好对象，也是我们的好助手。

因之我说民众圖教育的对象,不仅是识字者,不仅是士阶级,乃是全民众——农,工,商,学,兵,儿童,青年,妇女,不识字者,有学问者,缺德无能者,进德修业者,生理上之残废者,生计上之困苦者,能不能参与社会国家改进之运动者。

四 民众圖教育之目的

民众圖教育,为近代教育上一种新兴的势力,同时也是实现新教育理想的先声。它那种无时间性和无阶级性的限制,及它那种经济化和科学化的方法,可以顾及各各不同的需要,而分别供应之,这大众化的教育,确足以陶冶民众德性,提高民众知识,增进民众技能,锻炼民众体魄,使民众群策群力,一心一德,去树立良好的社会,金汤的国家,其与中华民国教育宗旨要"充实人民生活,扶植社会生存,发展国家生计,延续民族生命",是十分契合的。因此它不单是开民众教育的曙光,为民众的救星;而也是改造社会,建设新国家的基本工具;更是促进世界大同的康庄大道。所以民众圖教育的目的是:

(一)培养健全公民 负民众圖教育的施教者——馆员,若果能将一个圖,布置幽雅,设施得宜,收藏宏富,指导有方,然后再用种种方法去叫民众利用余暇,常到馆中过生活。并且时以古今中外的科学家,学问家,有高尚道德的圣贤先哲,有盖世功勋的英雄伟人的嘉言懿行,告诉他们,介绍他们,勉励他们,于无形中使民众生敬仰之心,发效尤之念,久而久之,民众的性情行为,自会改善;民众的心志意识,自会高尚;民众的知识程度,自会增进;民众的技术能力,自会提高;民众的爱国思想,自会激起;个人与他人的关系,自会明了;个人于国家的责任,自会担负。此在叫民众向着"自我创造"的途境上过生活,这为个人建立良好人格,为社会培养健全公民的教育,是应当广为推行的。

(二)建立良好社会　目前各个社会里,多少已经有几个施教的机关,有几种教育的事业。若学校,公园,娱乐馆,教育馆等等。但还是充满着罪恶,布满着瘴气,坏人操纵着威权,好人无立足的余地,恶事层层出现,善举桩桩难成,大家蒙蔽着虚伪欺诈,互相侵轧争斗,这世风日下的社会现象,实在是为了过去的教育,离社会的生活太远,所谓南辕北辙,风马牛不相关,其与社会没有丝毫好影响是当然哩!民众圕教育的目的,是要建立良好社会,它的教育方法,是有准绳,有定轨,有具体计划,有一定步骤,向治本方面对症下药的去推翻恶旧的,建立善良的。例它自身可做大单元的改造社会运动,它对于社会善举,可鼓励地方公共机关举办或合办,他若组织各界读书会,青年会,青年自治团,社会生活演讲会,地方自治研究社等。凡此种种,其影响于社会之进步,社会之治安,社会之改良,社会之文明,都有莫大之贡献。这在在谋良好社会之建立的所谓扶植社会生存的教育,是值得集中力量去设施的。

(三)递进世界文化　世界人类,物质文明之所以能提高,精神文明之所以能演进,凡百事业之所以能日新月异,各种学术之所以能愈研愈精,莫不赖圕的搜藏图书而传递所造成。苟使现今人类,没有前人的思想,方法,发明,伟迹,载之于书,传之于今,取而参考之,研究之,则我们的思想不会演进,我们的生活不会改善,世界的文明无由进步,世界的文化无由继续。民众圕教育的目的,是要将过去的,前人的文化,介绍给我们。使再经一度的熔冶,一则使其不致停落,一则为其永久递进。其余世界人类的未来生活,社会文化,有极大的关系。果真人类因此而明白且实行世界人类是应当相互合力亲诚推进的,则世界大同的理想,是可拭目以观。

五 民众圖教育之可能

民众圖教育之可能与否，只要看它是不是具有教育上所认为最紧要的二种要素，一是教育的本质，一是教育的要件。其实民众圖教育，是教育的一种，自然含着本质和要件的。教育上的二种要素它既俱备，那末自然是可能了。但为怀疑的人解释起见，不得不略加说明。

（一）合教育本质　教育原是人生中一种实际的活动，时无古今，地无中外，有人类便有教育，因教育便生人类未来之活动，所以教育是人类与生俱来，与死偕亡的。一面为理论的知识，一面为实际的事业。

1. 理论的——理论的教育，概括言之，是去发现人类经验中之教育的意义与地位，是对于教育经验为系统的解释，是研究教育与其他社会活动的关系，是构成指导教育活动的基本原则，是用各种科学的方法——试验法，统计法，比较法，对于教育上各种问题为系统的研究。现在民众圖教育，对于社会人类底活动，也下综合和分析的研究工夫，并根据种种科学的方法，去探讨人类教育的需要，去发现教育基础的原理，去分析问题的内容，去构成教学的方法，以作指导实际活动之效率用。例如调查民众阅读的兴趣，研究民众读书的方法二项，我们就可知道民众因年龄，职业，性别，和空间时间之不同，而喜欢阅读何书，及其所用之方法，以及为何某书或某类书为某种程度下之民众所喜读等。根据调查的结果，统计起来，便可找出此与社会其他活动的关系，以及各种人性的不同。依之再研究出指导各种不同阅者读书的良好方法。此完全是吻合教育的理论本质，所以民众圖教育是十分可能的。

2. 实际的——教育实际的本质，全为设施便宜而自然演成的一种方式。因为受教者种种的不同,和施教者种种的便利,就规定了呆板的阶段,及流动的方式两种。所谓呆板的阶段,即小学毕业而中学,中学毕业而大学,按部就班的进展。所谓流动的方式,即因材施教,因教施材,在家庭则施以家庭教育,在经业则施以职业教育。民众圈教育似乎只是一种有弹性的流动方式的教育而已,可是从它学级指导文库方法来看,它按照各人的程度,兴味,需要,能力,和时间来编制由浅入深,循序渐进的一套课程,指导受教者阅读,这方法无异于由小学而中学,中学而大学的步步上升。实际上这个办法,既无学校式集智愚于一堂,有难教难学的弊,而有理想教育方法实现的好处,此所以是合实际的教育本质,其可能当然不生问题。

(二)合教育要件　意识,具案,和永续三者,为教育之要件。无意识则虽具案,亦无永续设施之价值。缺具案则必成零星碎片的工作,不永续则具案无以由意识实现之。民众圈教育是备兼三者——意识,具案,和永续的。那末,何以见得它。

1.是意识的——要教育的效果大,成功快,价值高,则必须使授教者和受教者,双方皆有同一的动机,站在同一的观念上。民众圈教育之所以是意识的,就好在授教者的意识,为实施"人格教育",而受教者的意识,乃根于"读书明理"为出发。夫"人格教育"的意思,乃教人有良好的道德,做一个君子。"读书明理"的意思,也就是要懂得做君子的道理,就先得读书。所以两者的动机是一样,双方的目的是一样,彼此同出一辙,则教者自便,受者自易,于是事半而功倍的结果,可以实现,这也就是意识所构成的价值。

2.是具案的——民众圈教育的设施者,自然不能毫无办法,毫无准备,茫然的去施教。应当先观察了过去社会的背景,现在社会的情形,未来社会的展望,以及民众各方面的实际生活状况,立原则,定目标,下进行步骤,制教学方法,编成有计划而具体的方案,然后依之循规蹈矩有意识地去工作,去教育民众,使大家广被春风,同沾德化。

3.是永续的——民众圈教育有一最特长之点,即兼有狭义的和广义的民众教育的意味,暂时的和永久的民众教育的性质。表面上一看,它似乎是缺乏学校教育所有步步递升的永续性,但实际上它比学校教育的永续性来得更大。由"圈是民众的终身学校"一语观之,即大为明显。况再从它本身存在性来看,实在也是比学校更为是永续的。所以它已教过过去的人,在教现在的人,还要教将来的人研钻而成大儒。此叫不识字变为潜心要识字,从文盲变为识字且能用字,它的有永续性的教育作用,实在于个人是由启门而升堂,而入室;于社会是由过去而现在,而未来。

民众圈教育既合乎理论上的教育本质,又俱备了教育的三要件,是意识的,是具案的,是永续的,所以它是可能无疑。

六　民众圈教育之必要

要唤起民众,要训练民众,要将百分之八十以上的文盲铲除,要使全国的民众都变成健全有力的国民,则负教育职责的,实在是责无旁贷,义不容诿,尤其是在民众教育田园里从事工作的人,更当警惕着,要有我不负责谁负责的抱负。兹从各方面看来,民众圈教育之在今日我国,实是十分迫切的需要。

(一)与各国比较上看来　各国民众圈教育史论,于后当一一介绍,今只取可供我国参考的几国,逐一比较,如美国,丹麦,日本,苏俄等。

1.与美国比较——为什么第一要与美国比较呢? 理由一是美国和我国是太平洋东西两岸相垮的两个共和民主国。二是两国都是由杂色民族所组成的国家。所以在理论上立论,它俩是应该有相似的情形,然而事实确绝对不同。考美国国土的面积凡三百万方哩,人口凡一万万,大小公共圕到最近据美国圕协会的报告,凡六千余,圕事业进展的程度,已由遍设公共圕,进而为设各种科学圕了,此即足以证明他们圕的教育工作,已深入民间,已将民众的程度提高。反观我国呢!面积较美国大四分之一,人口较美国多四分之三,照最低限度的比例,我们应该有二三万个民众圕,但据最近全国圕协会调查报告,全国各种圕共一四二八馆。其中除学校圕三八七个,社会圕三八个,机关圕二六个外,国省市县立的及专门的只九六七馆。美国平均每五百方哩,一万六千余人中,有一个圕。我国则四千方哩,十万人口中,只有一所圕。其比较差不多是一与十,更且我国民众圕搜藏图书之数量,管理图书之方法,又万万的赶不上他们,因此要使此实际事实达到与理想论调相符,则于民众圕教育,是应该多多的设施。

2. 与丹麦比较——蕞尔小国如丹麦,其幅员面积只为我国八十分之一,凡五万方哩,其人口总数只为我国一百三十分之一,凡三百万,而其馆数在一九二六年的调查,除国立的及专门的外,凡八二八馆,迄今已七年,大约目前所有的民众圕,总将近千馆,他们是每五十方哩内,三千人口中,有一圕。我所以要提出丹麦来与我国比较的理由,一是他们设施全民人生教育的努力,是值得我们效法的,二是惕励我们今后当如何竭全力去推行民众圕教育于国内。

3. 与日本比较——日本是与我国同文同种的。况又与我国毗邻,所以是有比较的必要。他们因为近几十年来的励精图治,凡百事业的神速进步,真叫我们一面要畏惧,一面要佩服。他们竟以十四万方哩的土地,和五千万的人口,而能拥有五千余个民众圕。我们虽幅员大其三十倍,人口多其八倍,但所有的圕倒少其五倍以上,则何怪一者则蒸蒸日上,一者则奄奄无生气。看日本的例子,即可得一教育是立国大本的明证。民众圕教育既是唤起民众,训练民众,建立国家的重要工具,还不该推广吗?

4. 与苏俄比较——拿苏俄与我国比较,其理由一是苏俄的欧

15

洲领土,与我国相仿。二是近十余年来,也常在革命中过生活。考他们虽年年在革命,但于教育建设,更是十二分的注意。他们明白革命是要建立在民众身上,并且要由民众自动地革命,方为真正的革命。因之对于充实民力,提高民智的教育民众工作,是一点不放松。在一九二六年全国大大小小圈以及流动文库等凡二万余个。在近五六年的进程中,则已由二万增至四万余个了。这样的努力,实在足以令我们发生相形见绌,而今后务须急起直追的感想。

(二)从辅助教育上看来　各种教育能力,须相辅相助,然后整个教育的效能,可以大见。其实民众圈不仅是学校教育的辅助机关,民众圈教育不仅是民众教育的辅助能力,可是单从它的辅助力着实不小方面来看,已有推行的必要了。

1. 实际方面

A. 辅助家庭教育——可以指导父母,如何教育儿女?可以代替父母,随时教育儿童。更可以代为设计或代为创设家庭文库等,一面使儿童养成爱读图书的习惯,一面使儿童奠立了一个巩固的人生基础。

B. 辅助学校教育——可以供给学校教师之教材和参考书,可以代教员或学校因鞭长莫及而教育学生,可以使学生加入圈之种种学术研究会而探讨在学校所不能得的学问,可以养成学生好自习,好思索,不依赖的良好读书习惯等。

2. 理想方面

A. 可以普及教育——普及教育的声调,在我国已高唱了若干年了,可是到而今终于没有实现。国内未受教育的儿童和不识字的民众,依然占了大多数,这是由于学校教育贵族化,实为其最大原因。现在民众圈教育,是无时间的限制,经济的阻碍,和阶级的划分,它是大众都可利用教育机会均等的一种教育,所以也就是普及教育的一种实施。

B. 可以改造教育——现在的学校教育,是背社会而走的,教育不是为国家造人材,乃是为国家产流氓,长此以往,其危险是不可限量,所以有许多教育专家,觉得教育改造是一件急不容缓的要务。改造的方法,当然不止一种。民众圈教育亦为改造途径之一,因为此种教育一普及,则可以打破士阶级的旧观念,使在校求学者,不致再以受教育为人生的装饰品,点缀品,而因大众程度的增高,和竞争的剧烈,遂向切实求智的途径上走。学校于此时也必会根据社会情形,改变教学方法,实现学校真正社会化。

(三)由本身能力上看来 民众教育能力有多么大?单叫看它所负的任务,所含的特征,所具的价值,所发的效率即可。

1.由所负任务上看——民众圈教育所负的任务,是要教育不论已受教育,在受教育,及未受教育的全民众。并且负着介绍世界文化,以作社会改进的借镜,所以它是负着人类生活安宁,民族寿命绵延,社会文化提高,世界大同演进的大任务。

2.由所含特征上看——民众圈教育所含的特征为其他教育所阙如者,是教育机关均等,教育方法周详,教育时间有弹性,教育工具是适当。所以称它为民众万有的文库,幸福的乐园;说它是有求必应,能消祸降福,都不算言过其实的。

3.由所具价值上看——民众圈教育的教育价值,概括言之,是具有陶冶价值,可以施知识的陶冶,艺术的陶冶,品格的陶冶,和技能的陶冶。授教者和被教者均基于陶冶上来授来受,这比之大多数学生之无意识进学校,到讲堂听演讲,读死书之价值大得多哩。

4.由所发效率上看——民众圈教育果能切实负起它的任务,则可以做到个人同情心的扩大,互助心的发扬,向上心的促进,而于自存生活,职业生活,家庭生活,社会生活,闲暇生活,都止于善。人人如此,则社会之进步,之文明和人类之和平之合作实现有期。

(四)由实施民教上看来 作者个人总是深深地坚信着不必等民众都识字后,才需要民众圈之林立。也深信民众圈教育的力量是很大,更深信它可以用图来引起民众的识字兴趣。它可以用教学法来满足民众的识字兴趣;它可以施各种补习的教育,来加增民众的知识;它可以施各种教育的方法,来满足民众的求智欲望;它不特自己可以这样那样地干,它还可以鼓励及促进其他民众教育事业之开办和推行。今且举例以明之。

1. 能鼓励创设其他民众教育事业——一般不识字的民众,既为了圕种种图画的激刺,将其识字的兴趣,大大激起,那末圕即可作进一步的工作,自身或因人力财力之不足,不能开办夜校,它即可向教育行政机关,或其他教育机关,代民众请求,开设夜校,以餍民众的识字欲。

2. 能取代其他民教机关所不能做的民教事业——各种狭义的或暂时的民众教育机关,如民众学校,它的教育能力,至多不过半载一年,势不能继续下去,再作进一步的工作,那时民众圕即可取而代之,来教这夜校的毕业生,由识字而用字,由要识字而要求知识。

3. 能完成其他民教事业的目的——民众教育的目的,自然不只是教民众识字而已,所以民众教育的事业,于人生各方面生活有关系的都有,可是其中要以"文字"为人类生活上最重要的工具。今民众圕教育拥有此至宝的教育工具,既可以补其他民众教育机关的缺陷,又可以为其他机关完成人生教育的目的,故其重要,彰彰明矣。

七 民众圕教育之方法

教育是有意识的工作,若没有方法,则指导人生经验,增加生活实力,创造新颖环境等作用,都无由实现。所以施教者当运用教育的资料和工具,去辅助被教者,使增进其应付环境,创造环境活动的能力。民众圕教育的对象既复杂,使命又重大,其需要方法,是不待言而知之。且其所用的方法,决不能偏于一种,是应该将普通的,特殊的,心理的,论理的,各种方法,或混而用之,或兼而用之,或按序用之,或溶化用之,然后方可达到教育的目的。

(一)方法的原则

1. 适应个性——人之天赋,有生而知之,有学而知之,上知与下愚之不同个性之民众,决不可熔一炉而划一陶冶,应甄别个性,分别教导,使各个性得有适当的发展。

2. 根据生活——这是指各人的环境和需要言,民众圖教育并不是使教育自教育,生活自生活,乃是要使教育变为生活的本身。不论哪一个时期的生活,都能本其旧有的实际生活和经验,去引申应付环境和需要的活动,使人人于生活上都能餍其欲,偿其愿。

3. 引起兴味——由有兴味而成就之事必大且久,不然,便无所谓学习,亦无所有成功。因之教育方法之引起兴味,是一个最重要的原则。实因兴味是学习的原动力,也可说是各种活动的根源。兴味若付阙如,则对所学之事,非但不能得到深切的了解,并记忆也不得维持长久,所以引起兴味,作活跃的动作,是成事之基础,是教育的重要原则。

(二)方法的实施

1. 个别教学——要实现第一个原则,则个别教学之设施,甚为重要。孔子所谓"中人以上,可以语上也,中人以下,不可以语上也"。所以民众圖教育方法中有流动教学,有阅读指导,以别智愚而分教之。

2. 学级文库——要达到第二个原则,则民众学级文库之设施,是不可忽略。其法乃根据各个人的需要和环境,代其选择一套直接适合他的需要和环境,或间接有助于他的需要和环境的图书,令其循序学习之。

3. 单元设计——要实现第三个原则,则单元设计之设施,实为有力。不论其单元是应时的,是应用的,其中心陈列,中心展览,中心运动,都足以横生兴趣,使得悠久深刻的印象,浓厚味儿的回忆。同时可将施教者预定的目标,不费劳而达到。

(三)方法的工具

除馆员的动力脑力,随时将馆内的布置改新外,尚有下列几种的工具,是不可或缺的。

1. 适合各种中心标语,图表,和书籍的陈列。

2. 揭示馆务的消息牌,传达时事的壁报牌。

3. 备各种完善的图书目录。

4. 入馆指南或本馆一览的印发。

5. 本馆图书目录之编制,及其使用法等说明书。

6. 散发每次新到图书之目录单或大意单。

7. 在各类图书架上,贴以关系某类图书内容之"标语"或"画图"。

8. 各书之第一页上,贴以关于某书内容之"图画"或"摘要"。

9. 将各书之重要部分或章句,加以"红线"或"注释"。

10. 各种会集。

八　结　论

民众圕教育,确为我国目前要唤起民众,训练民众,唯一的良剂。它有完美的方法,它有锐利的工具,它可为民众增加能力,为社会巩固基础,故今之推行民众教育者,从事社会建设者,当三注意之。

第二章　各国民众圖概况

在正在设计筹划如何开辟我国民众圖的新兴田园的当儿,初,须要怎样选种？怎样下种？怎样育苗？怎样耕耘？然后可以收获丰盛美满的结果,可以达到事半功倍的希望,则于研究比较各国民众圖史之梗概,是一桩不可或缺的工夫。

我们来研究来比较各国民众圖的史略,并不是说将欧美各国民众圖的管理方法,不问对不对,不管相宜不相宜,囫囵吞枣地,依样画葫地,整个介绍过来,任意在国内各地推行的意思,乃是要考察他们处理民众圖事业的究竟,从他们的理论与经验中,去择尤师法,去借镜遵循,去参考应用,去熔化各国因政治经济和民众程度好尚之不同,而所演成的各特征,来造成适应我国民众环境合宜的民众圖之经营方法。

依之,我们只提出对于民众圖事业,或是特别注意,或是非常发达,或是颇有成效,或是为推行民众教育唯一重视的机关的各国——美国,日本,苏俄,德国,丹麦,瑞典,英国,和捷克,逐一介绍之。

一　美国民众圖概况

（一）演进史略　美国圖史,原可分为六阶段,第一为私人圖时期,第二为特设圕时期,第三为民众组合圕时期,第四为各级学校圕时期,第五为捐助圕时期,第六为公共圕时期,至于民众圕,则可分四方面来研究之。

1. 私人捐助方面——在十七世纪与十八世纪初之乡绅,牧师,政治家,都以为社会之种种阶级,可以图书为沟通之媒介。所以不论贫富,皆以积财遗子孙,不如积书遗子孙,及创设圕之风相尚。当日之私立圕如 Colonel Wisliam Bird, Beverend James Plair, Dr. Cotton Mather, James Logan 的,皆为牧师政治家等所创设,此实开后世慈善家或热心圕事业者捐助建立圕之先声。最近二三十年来,私人捐助圕之情形,较其他各种事业更多。最著名的为钢铁大王卡诺基(Andrew Carneige,)他在一九一七那年,曾捐赠美金六五·〇六九·〇〇〇元,分配于二·八六五个圕。到现在除捐一百万圕基金外,美国有一千五百余个圕的建筑物,都由他个人所捐造。

2. 会社组合方面——自十八世纪到十九世纪中叶,凡一百五十年间,为会社组合圕盛行时期,亦为今日美国书籍之须民众化,民众之须读书化,和人民乐于出税,以为公共圕经费之导源。考民众自动集资创办圕,乃始于一七三一年富兰克林(Benjamin Franklin)所发起创设之费拉特费亚 Philadelphia 圕。嗣后最先仿行者,为其毗邻之城市。数年之后,此种消息,传播南北,于是争相效法设立圕。而以地答罗的(Detriot)之青年社,所设之圕尤为著名。但最能显示民众爱好图书,喜求知识之精神者,当以在恩滋(Ames)所创立的"熊皮圕"(Coonskin Library,)事为在该城之少年,因欲建筑圕,但苦无经费,于是用彼等特长之技能,出猎野熊,归而售其皮,以所得之金,全数购书,以是有此名也。当时凡会社所组合之圕,其经费概由各会社社员所负,此风直行到一八八〇年。

3. 教区设立方面——教区设立圕,在南部为最多。初,有勃雷博士(Dr, Thomas Bray)由英至美传道,在马理兰特(Maryland)设

22

立了三十个教区的圕，凡有二·五四五册书。在一六九七年他曾主张要将此种圕，扩充于全美。一六九八年在纽约教区内，亦创设了此种圕。其主要目的虽为传道者用，但亦公开给地方民众用。及后，一七五一年在约克（York）启式立（Kittery）缅因（Maine）三教区之内，成立一个与众不同很经济的组合流动圕，将书籍用牛车轮流分送于三教区内，此实为后来巡回圕及流动文库之先法。

4. 公立圕方面——远在一八二六年，国家即开始有设立公共圕之意，到一八五三年，方始盛行，但课税所得，仍用以为学校圕购置图书。真正公开任民众用，以为大众教育而设之民众圕，则为最近五十年来之事。查一八〇三年在 Salsbiory 开始创设市镇圕，渐在各学区内流行创设，此与学校圕全不冲突，盖所藏之书，大半为民众所合用。于是一八三三年在彼得勃路（Peterborough N. H.）之圕，为地方税供给而成。嗣一八三五年纽约亦正式订立学区，并颁布民众圕之法令。一八四八年在马萨诸塞省（Massachusetts，）亦通过地方负担公共圕税律一条，厥后各城均相继有类似之法令订立。到一九二九年，计三十四州有县圕之法律规定，共有二六〇个圕，在加利福尼亚（California）一省，有四十六个之多，但仍有十二州的五十八县，是没有此项圕。现在每年大概连四千余支馆在内，年用一·二五〇·〇〇〇美金，藏书已达二·五〇〇·〇〇〇部。在公立圕中，要算县圕之办法较为最妥，因一易与民众个别接近，二易于流通图书，三易使出税者直接享受其利并监督之。

由上述的四方面看来，美国民众圕之演进实在是很迅速，到现在凡为民众直接可以应用的，有五千几百处之多，巡回圕则有一万三千余个。计全国用圕之人民，年达六十余万，藏书总数共七千余万卷，借出平均计达二万二千六百万卷，除一千余馆为私立供民众用之圕外，其余约四千五百余个民众圕，均为民众纳税来维持，年达三千七百万美金。此项供民众用的圕，在县市镇方面为最多。美国民众圕事业，虽为世界各国冠，但仍有二分之一之人民，无机

23

会可以享受圖之利益。

（二）特征　美国民众圖事业之特征颇多，兹将其最足以为吾人所宜注意与取法的，从举办事业及实施方法两方面，摘要一述之。

1. 举办事业方面：

A. 儿童圖事业——在一八八五年纽约第二十八小学校校长海纳伟女士（Miss Fnily Hanaway）在全国教师协会内，主张要为儿童设立圖。果然，因她的深切的信仰，坚忍的毅力，竟于是年秋季，在纽约第九大街二四三号屋子内，成立了书不过数百册的儿童圖。中经几次迁移，终于造成纽约公共圖儿童流通部之制度，亦成为今日纽约公共圖有儿童阅览室之先导。现在每日竟有五百到八百之多之儿童进该馆阅书。

美国儿童圖之演进，可分四步骤。第一步，为在民众圖阅书室内，辟一隅为儿童阅书处，第二步，进为将凡关于儿童合宜之书，另架陈列，第三步，进为单独辟一间为儿童阅书室。第四步，则即为目前所通见的：一为与学校合办，二为单独设立之儿童圖，三仍有辟儿童阅览部。儿童圖之最重要工作为：一，管理并指导家庭文库之设置，如购置适合儿童口味之图书使儿童喜与图书为友朋。二，使儿童来馆阅读图书和杂志等。三，供应学校课程有关之参考书。四，用图画来教育幼年儿童。五，按附近学校之所有课程，设立图书单元展览会。六，设立故事会及读书团，来鼓起儿童阅读之兴趣。七，训练儿童能利用圖之方法。

B. 巡回圖事业——上面已经说过巡回圖事业，实肇始于一七五一年之约克，启忒立，缅因三教区之流动组合圖。迨后各地方圖，相继仿行。其方法当然不过是搜集若干书籍，流动于各乡村。其目的亦不过使在穷乡僻壤无圖可以享受的农民，有书可读而已。纽约州圖采用此制度约在一八九三年，凡交通道路好一点的地方均用马车或汽车送往。到一八九五年密执安（Michigan），蒙拿大

24

(Montana)，也实行了。到一八九六年伊俄华（Iowa）也采用了。纽约州圕，因有数年之经验，及工作之增进，故在一八九七那年，即增设流通部，现在则改为扩充部。最近在一九二七年，他们备了八五·〇〇〇部图书，雇用了二十八个助手，去担任此项工作。那年计连九个支馆，及三百三十三个公私立学校，救火办事处，工厂，商店，主日学校，乡村夏令避暑处，医院，及其他代办处，总计借出书凡六三五·〇〇〇部。这巡回圕的事业，从前《海友会》（Soaman's Friend Society）在船艘上实行。政府则在灯塔处实行，所以现在凡在兵舰上，商船上，亦均有巡回圕之事业，他们的工作，诚可谓无微不至，无处不及了。

关于事业方面，他若农业圕，商业圕，盲人圕，及其他种种，事业较为专门，对象较为狭少，故不一一提述。

2. 实施方法方面

A. 阅读指导——这事业可分两方面说。一，是"阅览指导"，乃专指在阅览室内的指导。若图书之备精详目录和索引，及请指导员专在开架式阅书室内，留心各阅者之需要，指导阅者读书之方法等。大多数的圕内，所请的指导员，都是才学宏富，他不但可以答问指示，并也能看透各阅者的需要，而为其介绍，为其导引，使阅者既免找寻目录之烦，又无欲书而不知其所在之苦，更可不耗费黄金似的光阴，在阅览室中，毫无所得。阅者在此种教育环境之中，自然能发生阅书的愉快心理，能十二分如意的学习，且自然会得很快的进步。据一九二八年的统计，全国已有三十余个圕，有指导员了。二是"读书指导"，乃实施学级文库之唯一妙法。即为对于某种学问的大纲，和与这种学问有关的参考书，置备一种循序渐进的书目。此书目不仅将书之名称或著者列出而已，并有各书内容之介绍，使阅者明白，研究某种学问，当先读何书，次读何书，更次读何书，按部就班的上进，不致涉猎不等，而达到一贯会通之利。现在《美国圕协会》American Library Association 已编辑了关于哲学的,历史的,经济的,文学的,国际关系的,心理的,音乐的,美术的等等"读书指导丛书"(Reading With a purpose Series)。每一书之纲目后,必附以连带有关的六本书。所以每出一书,其附带的六书,亦必骤为提高需求。因此该种书之销路,是十二分的好。但究竟也为了编辑该种书的人,都是数一数二有名的作家,并也经仔细选择过的。

B. 与教育机关合作——这也可分两方面说。一,是与学校合作。其最显著的工作,乃将一部分与学校课程有关的书,送入学校圕内,或各级内,此在小学校为最通行。有许多地方是将圕开在学校内,一方出经费和人力,一方出屋子和设备,使学校学生可以应用参考,同时也许民众入内阅览,此为最经济的办法。有许多圕是将教本流通到学校内,若普通书之供学生用,教材本之供教师用,参考书之供研究问题用。也有圕是特别辟一间教师阅览室,供附近学校之教师,来预备,来参考,来研究用。也有圕是十分致力于学校课程方面种种的需用。也有公共圕,是许可学生来馆实习用的。第二方面是与成人教育机关合作,考美国圕创立的本意,不是为成人教育机关,但其自然趋势,不但它自己已成为成人教育的主要机关,同时也成了为其他成人教育机关之最能干,最灵活的助手。例如它常将其他成人教育机关所举行之演讲会,及新办之事业,均早为揭示大众。并将函授学校,或讨论会所教授,所研究之问题的参考书,选送到各该处。或刊印目录单,散给他们。它现在也常为其他成人教育机关设计,成立工人读书会,商人研究会。因此在一九二四那年,全国圕协会成立了一组成人教育委员,两年后,即正式改为一个永久的圕与成人教育委员会(Board on the Library and Adult Education),并出版《成人教育与圕》季刊(Adult Education and the Library)。

二 日本民众圕概况

（一）滥觞时期　日本民众圕事业，实肇始于江户时代，试看元禄十年在水户藩，已有乡村文库之筹设，所有图书，或由村人捐助，或由乡民寄存，大众均得自由入内阅览。那时代的秀忠，板正，斋，三人晚年隐居所提倡之《浅草文库》，及庆安三年之《宫崎文库》，亦皆公开，任人阅览。观乎此，故曰，日本民众圕之事业，是滥觞于江户时代。

（二）摇篮时期　明治沾染了欧美的思潮后，所以力图维新，对于教育亦然，在文部省第一年报上有语云："因欲使文化进步，故设置东京书籍馆，广搜图书，供一般民众阅览"。

及明治五年，成立东京书籍馆。翌年，京都有集书院，大阪有二个民众圕，陆奥及八州各设一个民众圕，此四个圕，亦均许公众应用。明治十五年，政府始发布圕设置之训令，令全国各地广设民众圕，其令内有如下录的一段话。

"欲使业余求学之民众，及无钱购书之民众，皆得书读，若不多设民众圕，则以何法解决之？……"

从此他们便规定了民众圕的工作是要备以浅易通俗之书籍，供民众阅览，养成一般平民读书之好风气。所以二年后，全国即有二十五个民众圕成立。明治三十年，即有三十八馆，及三十六年，乃有八十六馆，至三十七年，则有一百馆。到三十九那年，全国计有一百二十七个民众圕了。

（三）努力时期　日俄战后到现在，日本是最努力于民众圕事业之建设。所以不独圕之数量增多，即简易文库和巡回文库，亦新生了不少。明治三十九年，文部省发布修正圕训令，四十三年又规定了民众圕之注意事项，是年民众圕，计有三百七十四馆之多，简

27

易文库和巡回文库,各地亦甚多。或由府县当局经营,或由政府奖励举办。县立山口圕一馆,有巡回文库凡一百二十二个,三重县全县之郡市町村,有简易阅览室凡四百三十四所。长崎,广岛等县公私立之民众圕,阅览室,亦均不少。大正十二年,规定了奖励设置圕条例,内含设置手续,设备,经费,图书之选择及购入等。昭和三年,有更详尽之法令昭告。据昭和二年之统计,全国有民众圕巡回文库,简易文库,共五千五百零九所。每日阅览者达二八,〇六二,二四一人。

(四)特征

1. 政府奖励——看了上面的史略,就可知道日本执政者,对于民众程度之提高,社会文化之增进,是何等注意。照明治文部省第一年报的话,明治十五年发布圕训令的话,及大正十二年,昭和三年的奖励办法看来,都足以证明日政府之努力提倡民众圕之创设,及民众圕事业之推行。

2. 普遍设施——推行社会教育的大毛病,就是只顾到大都市,忘记了小村落。只注意铺张门面,忽略了切实从事。看日本大规模的圕,都十分注意巡回文库之设施。看日政府的命令,令县,市,町,村,都须设立简易或移动圕。更不徒事于竞争馆舍之单独设立,而将大多数之简易馆,均附设于学校内。是诚显明他们只求实际,只求民众圕事业之普遍,为唯一目标。

三 苏俄民众圕概况

(一)帝俄时代 俄罗斯在革命以前,因为教育之不普及,所以年长失学不识字之文盲甚多,在当时帝制的官僚政治下,施行绝不鼓励推行社会教育之政策,因之那个时候的俄罗斯,便列入世界上最黑暗的列国中之一,据军队招募新兵中,文盲的统计,占了百分之六十二,依此,就可推知俄国民众圕事业之大概了。

俄国以前虽有一七九五年所扩大之圣彼得堡的帝国圕,在藏书和经费的统计看来,是占了世界大圕之第三把交椅,但由这个大圕内所藏的神学书籍占了全部之四分之一看来,确不是目不识丁,一般民众所能享受的圕了。此外据欧战前的调查,当时有大学圕和通俗圕,凡一百四十五所。今假若以此数之圕,皆为公开给全国民众用,试问这于地跨欧亚两洲,面积凡八・一八六・一四四方哩,人口凡一三九・七五四万,所够用了吗?依之,俄国过去文盲之不能铲除,文化程度之不能提高,当然是为了教育不普及所致,但所有的圕,不能尽为民众用,亦为原因之一。

(二)革命后 一九一七年的革命,将旧社会制度完全倾覆,新兴教育的奋发,即随之而蔓延于全俄。昔日人民困于无知,只有少数可以染指于知识的恩泽,现在借革命的成功,而获得了教育机会均等的幸福。他们是明白革命当建设在民众有知识的磐石上,于是极力推行大众化的教育,务使全国人民,一,都能明晓初浅的读法,写法,和算法。二,都明了党策上意义的解释。三,普遍地增进提高国家文化。于是乡村读书室,固定的和巡回的圕,骤然地增添了许多。例在一九二一年到一九二二年,公共圕有五・五一五所,小阅览室有一六・七九九所。三年后,到一九二六年调查所得,全俄有公共圕五・九七五所,小阅览室有二二・一二五所。在最近第一次五年计划成功后,他们小圕的数量已达到三万八千所,普通圕的数量已达到三万四千所。其致力于民众圕事业之推广,与帝俄时代相比真是有天壤之差。

(三)特征 苏俄现有的圕,在乡村的是比在城市的多,流动的是比固定的多,供应用的是比为装缀的多,所以他们的民众圕之特征,亦即是乡村读书室,流动圕,和应用图书三点。

1.乡村图书室——乡村图书室之设备,一方面为区村之教育中心,一方面为所有本地文化势力,如教师,医师,农学家,法学家,及地方苏维埃工艺联盟,与其他团体代表之集中点。这种圕不啻构成一乡村政治教育委员会,不仅足以提高农民社会之文化程度,并足以促进各方之联络合作。室内均有阅报,讨论,讲读,参考,研究等组织。最普通的,为政治,戏剧,农业三种。各室皆兼办壁报,流通各项新闻消息。

2. 流动圕——流动圕之创办,其主要目的:一,所以供全国各地"反不识字所","乡村图书室",以及"红屋角"(此为读书室之初步)所用之书报。二,所以要应供社会各界不同需要之适宜图书。因之,这种圕的工作,也就是将甲地的书,移往乙地,不拘何时,都可以向大众供给多量新出之图书。不论何人,都可以获得相当需要之图书阅读。同时也常张贴广告,举办小展览会,指导一般人阅览可读之书。到而今,在苏联各地,或是农场,或是工场,或是矿山,或是市集,甚至不论军人的家庭,劳工的家庭,都可以见其踪迹,所以流动圕,在农村文化的进展,全民知识的提高,是有极大的助力。

3. 应用图书——苏联自努力廓清不识字的人后,不论在基础教育,或政治训练方面,都向着民众政治化,用书专门化的路上跑。例自五年计划确立以来,苏俄因全国工厂,需要专门书籍,杂志,及报纸甚多。假若各自订购,则耗费至巨。因此政府乃令各地大圕订阅,以节费用。仅就各国关于工业,农业,化学,经济等之专门杂志一项言,在列宁格勒圕,现已共订阅八百余种。各种杂志寄到后,即由各学科专门家审阅,并就内容,编制目录,分送有关系之工厂。如某一工厂,欲得某杂志所载关于某一问题之全文,则圕即将原本摄影寄去,平均每件收取摄影费〇·六〇卢布。此种办法,自较自订杂志为便宜,即比较打字机抄写,亦为简捷省费。各工厂如有难题,亦得随时函请圕研究答复。列宁格勒圕,两年以来,平均每月接到问题凡二千个。至国内各种新出版书籍则由政府特设机关审查,其认为应交各地圕陈列者,则依需要册数,向出版人征集,分发各圕应用。

四　德国民众圕概况

（一）史述　德国圕之合乎民众标准者,当以大学教授 Raumer
所促成之柏林民众圕为始。该教授尝因事赴美国游历,察见合众
国之民众圕事业,影响于国民教育者甚大,因于归德之后,遂于一
八四一年,先行建设一种"科学讲演会",不数年,将该会之余存款
一万八千马克,移交柏林市政府,作为创设民众圕用,计自一八五
〇年至一八五六年之间,先后成立的民众圕凡五所。

最近三十年来,为德国民众圕运动之最盛时期,他们所提倡之
民众圕,不仅是为圕之一种。亦为成人教育运动中的一种必要的
工具,来供应各各不同的需求。此种圕之创设,在德之西部和北
部,像 Hambury, Bremen, Essen, Elberfeld, Cologne, Dusseldorf, 等处,
比较是迅速发达的。及后, 在 Charlottenbury, Berlin, Breslau, Dres-
den, Jena 等地亦先后创设民众圕。此与十九世纪之科学圕,及公
共圕均不同,其目的乃是要达到人民身心的愉快,品德的陶冶,社
会文化的启迪,所以用自由平等的方式来设施,借以改变社会的观
念,这诚是一个不可磨灭有价值的民众圕之运动。可是不久,此种
圕因为缺少试验之目标和方法,所以竟成为一种不过是阅览室而
已,全不像一个大众教育的机关。

一九一〇年起,民众圕的人,晓得要民众圕纯教育化,非从事
研究教学上和心理上为基础的工作不可。于是他们注意借书的统
计,阅读的心理,指导的方法,和选书的标准,来作研究的材料。到
一九二二年,民众圕馆员,因需要而自动地组织德国民众圕协会。

德国圕界认为科学圕,是专供特殊阶级的利益,民众圕是为谋
全民众的利益。所以对于社会的和心理的基础,下了深切的研究,

以期完成社会的和教育的目的。因此每年进各地民众圕阅书的人数，和借书的量数，均远超过各种科学圕之上。今以柏林一处而论，在一九二六年，来馆阅书的有六·六五九人，借出书籍凡一·五九六·八四六册，至于该城之三十八个民众阅览所之阅览者，每年亦有五〇一·四〇七人左右。

（二）特征

1. 促进各地之生产能力——德国民众圕当局，因欲提高各地之生产力，和适应各人之需要品，所以常在各特别工业区内，购置陈列关于该特别工业之图书。并特别调查工人家庭之藏书，作为选书的参考。

2. 各圕图书的互借——德国民众圕是最注意于书籍供应的适用和便利，所以对于大小圕图书之交换与互借，是十分重视。全国特设一图书询问处，联络全国各地圕，凡欲查借书者，均可向询问处探询，如某书为本地圕所无者。可由该处代向他馆借阅，此于读者，颇为便利。

五 丹麦民众圕概况

（一）史述 丹麦民众圕事业，是肇始于一八〇〇年。当时在都市内，属于公家的，有二间市立圕的阅览室。在村落里，倒有几所是由村人自动捐资建筑，且每年捐资以作常年经费的圕，但馆内藏书大半是小说，并不过五百部之多。到一八九七年，丹麦政府始从事于设立民众圕，于是各省都渐次地建立，在一八九九那年，政府更设立国家圕委员会，以总其成，及一九二〇年，国家有民众圕之法案及其实施之规定。于是丹麦的民众圕事业，始向着改变旧方法，从事于英美式，负成人教育责任的民众圕教育之途径去工作了。

兹据丹麦出席一九二九年,第一次世界成人教育大会代表 C. Hegermaun Lindencrone 之民众圕统计报告抄录于后。

1. 市镇圕

馆之总数(包括二十七个中央圕)约		八〇所
书籍总数	约	五九〇·〇〇〇部
借阅书数	约	三〇〇·〇〇〇部
市区津贴费	约	四八四·〇〇〇Kr.
其他地方津贴费	约	一四四·〇〇〇Kr.

2. 乡村圕

馆之总数	约	七四二所
书籍总数	约	八三七·〇〇〇部
借阅书数	约	二·六五九·〇〇〇部
市区津贴费	约	三一三·〇〇〇Kr.
其他地方津贴费	约	一五〇·〇〇〇Kr.

(二)特征　丹麦民众国之最大特征,乃是国家当局,认真处理,在行政组织上之完善,为各国所不及。试看第一,圕教育的组织,其主要机关和主要人物,是全国圕馆长,与全国圕会议,当会议时,前者为后者的主席,当行政时,前者为后者的执行委员。后者组织的构成是由:一,教育部;二,Kj benhavn 市政府;三,专门圕;四,市乡议会;五,郡议会;六,圕协会,馆长以下,置视察员若干人,干巡视及指导全国民众圕进行事宜。第二,圕系统,全国划分二十六区,每区设中央圕一所,市镇圕若干所,及乡村圕若干所,它的基本单位是后二者。中央圕之主要任务有三,一,供给辖区内各圕之书报图画。二,组织新立圕,及指挥各馆日常事务。三,直接传送小说以外之书籍于读者。此种组织,于行政处事,可以条条不紊,于大小圕,可以息息相通,法诚至善,可以师效。

六　瑞典民众圕概况

（1）史述　自一八四二年瑞典颁布强迫教育法令后,民众圕运动,遂得了极大的助力。因为政府同时通令各区牧师,提倡圕的设置,所以各教区内之民众圕,即成为一桩不可或缺的事业了。到一八六八年,大约全国二分之一之教区内,已有一千四百三十七个民众圕。但在十九世纪内,国家对于民众圕,只不过是令文的提倡。直到一九〇五年,政府开始规定每一学区中之各个圕,依照津贴办法,年拨七十五克龙娜 Crowns。（在平时约合华币四十五元）到一九一二年国会又通过一法案,其主要点为增加国家津贴的数目和集中用途于三种圕——民众圕,学校圕,及共学会圕,此项办法,至今犹未改变。惟自一九二〇年起,依国会的议决,对于医院圕,亦列为须津贴之一。最近更对于巡回圕之中央机关,亦加以注意,于是津贴费在十五年来,已增至四倍,兹列最近十五年间民众圕之统计表,以观瑞典民众圕事业之进步。

年别	馆数	藏书册数	借书共数	图书借出次数
一九一三	五五二	三二九,二八五	六七,六二四	五四九,八一六
一九二〇	八七六	八一五,一六三	一二五,六三五	一,三一一,六九七
一九二七	一二〇六	一,三二九,一六三	二三七,一二三	二,七三五,〇三四

此外据一九二七年之统计报告,尚有会社圕三千四百九十八个,医院圕四十七个,亦皆为民众所应用。但是瑞典到了现在,还未能认为满足,可以停止其努力,故仍积极地设法,使国家的津贴年有增加。在一九二九年,瑞典国会,特根据了五个专家组成的精查成人教育委员会,在八九年来,搜讨所得的结果,通过圕津贴的新法案。在其中具载全国圕改组的新计划,以及国家所以扶助教

育的重要原理。据此,瑞典民众圕事业之未来发展,诚不可以限量。

(二)值得注意的新法案　这个新法案有三点,是值得注意的。

1.圕的民社基础——原来在过去七八十年间,瑞典人民,只努力于推广的教育效益于民间,所以在每一教区至少有一个民众圕,或多至几所。到了今日,他们已不着意于数量的扩充,却进而注意于质量的改善。故新法令上之规定,每区只有一个中心圕,若欲得津贴者,必须履行下列之条件。一,对于借书人,不得收费。二,所有图书,必须收藏于合宜之馆舍。三,图书选择,必须合人民的需要。四,圕必须公开阅览。并有圕运动,须与成人教育运动协作之规定。此种中心活动办法,实由于民众圕当建筑在民众生活上的思想而产生。

2.圕的生长基础——瑞典法案上,规定国家对于圕的津贴,有一定额数,其定额概以地方津贴为比例差。可是他们为了顾到保持圕的生长起见,并规定了额外的津贴费,以鼓励各民众圕,努力于新事业的推广,及旧事业的扩充。例如新法案所规定教区中之民众圕,每年达一万克龙娜之额外津贴,镇市圕可有七千克龙娜,此种规定,无非要希望各圕,积极从事于改善之设施。

3.圕的联络基础——瑞典除注意训练专门人材,来改进民众圕之经营外,并十分注意各圕之联络,于是有中央圕之设置。它的功能有四:一,备民众作科学的研究。二,借图书于全部之读者。三,以巡回文库的方法,来转运分配图书于各地方之民众圕。四,视察及指导各地民众圕之设施。瑞典全国二十四郡,各设中央圕一所,则其将来圕事业之活动功能,必更伟大。

七　英国民众圕概况

（一）史述　英国成人教育之所以特别发达，其最大之助力，莫过于图书之供给。所以到而今，不论是成人教育中的那一件事，无不设读书会或圕以推进之。考英国民众圕事业之首倡者，当推留美致富之 A. Carnegie 卡诺基氏，他于一九一〇年，拨巨款于英设立卡诺基基金董事会，藉以提倡民众圕事业，普及于全国。到一九一五年后，卡诺基对于乡村圕之发展，特加注意，其法以郡为单位，每郡设一民众圕，郡内各乡村，无资自设圕者，可借学校或公共机关，设立分馆或书站，按时由郡馆送书至分馆或书站，借人阅读。此种办法，乃使民众皆有读书之机会，一经行后，全国称便。及一九一九年后，此项民众圕，渐由地方政府接收自办，而卡诺基之基金，不过处于补助之地位。到今日英国各种圕，凡直接注意于教育民众的，有乡村圕，市镇圕，郡区圕，和学者中央圕。

学者中央圕，是于一九一六年，用卡诺基基金设立，以专供学者图书为主旨故名。它的主要任务，是可以代人向全国各馆，借阅地方民众圕所无之书，这种工作，于全国学者，颇多便利。

英国因鉴于圕事业之重要，故于一九二四年，特派一委员会，研究全国圕问题，据该会报告，因全国乡村圕和郡区圕之特别多，所以全国人民中，百分之九十，都有借书阅读之机会。

现在当然为了成人教育的普及，而更需要民众圕之助力。同时也为了工人教育的提倡，所以民众圕之于劳工当如何代为选书？如何加以指导？如何组织读书会？无不在进行中努力研究。

（二）特征　英国民众圕，有一桩特殊的工作，是深有意味的，就是组织全国家庭读书会，为奖励并指导民众爱好读书，了解读书的用。该会有几种规定：

1.供给精选的良书目录。

2.为读书会便利,特贷以图表的印刷物或照片。

3.组织五人以上之读书团。

4.行通信教授。

5.发行刊物,刊登对于书籍的质问,及读书有兴味的记事。

6.举行研究讨论会。

八 捷克民众圕概况

一九一八年,捷克共和国成立后,本着民主政治的精神,来提倡教育的事业,并以设立圕为促进成人教育之途径,故其民众圕事业之发达之情形,实令人折服惊羡也。

照一九一九年七月二十二日的法律所规定,每一个自治区要设立民众圕一所。民众圕的主旨,是促进社会上各种人民的知识程度,并限定至迟在一九二九年十二月三十一日止,最小的自治区(人口在三百以上的)也要成立一个圕,圕一面顾到教育性质的读物,同时也供给社会人士,那些带有教诲价值的娱乐读品。所以要成一个完备的圕,须要有借书处,阅览室,新闻室,参考室等。在人口超过二千以上的地方的圕,就要有参考室的设备了。

一个地方,若杂有他种民族之人民,在四百以上的,即应有一特殊的圕,以供他们的需要。

在那些含有几个地方的较大的自治区,应设分馆,以资图书可在各地周转。在那些大镇市之中,每达居民二万以上的,即应有参考圕一所,里面要有大字典一部,各种法规的汇编,各种词典,一般的参考图书,统计表等等,另外还要有地方史,及地方年鉴等书。

一个民众圕,若阅览者有超过五千以上的,应专有一所阅览室,此室且应含有提倡艺术教育之设备,在市镇方面的圕,要有为十六岁以下之儿童而设的阅览室。居民在一万以上的圕,应有音乐室之设置。在二千人至五千人的地方的民众圕,每周要开馆二次。在人口五千到一万的圕,每周要开馆四次。在一万以上的,每日要开馆,书籍之出借,通常无须纳费。圕之开办费与经常费,均由地方负担,依面积之大小,与居民之多寡而定。征收之率,每个居民,每年至少须纳圕费捷币半元至八角。圕行政之职,则在一个委员会掌中,委员人数四人至八人,其中一半由地方政府选出,另一半由借者公推。圕本身设馆长一人,掌理一切。在一万居民以上的地方圕人员是专任的,其薪俸即按人口之多少而定高下。教育部负有视导圕工作之责,不过在居民不到二千的地方,则由地方人员自行负视察之责。这些地方的视察员,由地方教育会推荐于教育部,其人皆须为地方上有经验之圕人员。另有一种中心圕,是专门将书籍流通于偏僻之处的图书室。

自民众圕法令颁布后,捷克之圕界,兴起了一个新的局面,圕对于社会发生一种新的力量。这种力量正如著名政治学者 Havlicek 所言,"其力之大,正如学校教育所发射出者"。大市镇之人,多熟知这种情形,故其重视圕的地位,每每胜过法律所需要的。国家的津助是很重要的一件事,因为所津助者,不是金钱,而是书籍。这项书籍,由马萨里克学会选出,并由学会分散。和马萨里克学会这样散播书籍的机关,在一九二一年和一九二六年,又成立两所。有一种圕年鉴,其用意在沟通圕界的消息,使圕行政,得以收统一之效。至于为那些大地方的圕人员,(地方人数二千至一万的)每年暑期内有三星期之讲习会,其学科由政府规定。至于为那一种圕以上的圕人员,则在首都,有一个训练学校,年限为一年。兹列一表,以显明捷克民众圕法规颁布后之成绩。

年别	馆别	馆数	藏书数	阅览者	出借书数	经费
一九二〇	德式圕	四五八	二,八二,二五五	六九,〇七七	六六八,五三一	四九〇,三八五
一六二〇	捷式圕	二,八八五	一,三六二,三〇三	二四一,八〇一	六,五一一,九七八	二,七二〇,六四一
一九二六	德式圕	二,九六五	一,二〇九,一八九	二〇五,八三〇	三,三三三,九一九	三,九〇七,三一三
一九二六	捷式圕	八,二五四	三,四八三,七九〇	五一〇,九三〇	九,三八三,一一二	一〇,八〇七,四〇〇

从这个统计表看来,我们就可以想见,在捷克的历史旧地里,照一九二六年的平均说起来,差不多每八百六十五个人中,有一所圕。(捷克人约八百一十五日耳曼人约一千零三)又每百捷克人中有书籍五十二册,每百日耳曼人中有书籍四十一册。利用圕人士,约占全人口中百分之七·四。分析言之,日耳曼人占百分之六·九,捷克人占百分之七·六。每书平均流通数,达二·七一次。捐款方面,每人出一五二个克朗。(捷克平均出一·六一克朗,日耳曼人出一·三一克朗)

在此项法律初颁布时,各处圕之努力方向,为力求办理之完善,利用人数之增多,及藏书之增多。初起的时候,因了圕管理术之理论与实际发生变化,便引起圕界许多人之浓厚兴趣,因此在这一方面,有许多文字发表。全国圕界有三个大组织,各召集会议,各有自己的出版刊物,最重要的圕会议,当推一九二六年在首都所举行的一个圕人员之国际会议,其中关于成人教育之一股,尤为众目所集之点。

综之,捷克民众圕事业,所以能如斯之神速发达,无非是由于政府之极力提倡,和民众之爱好读书所致耳。

九　结　论

读了各国民众圕之概况后,我们当怎样奋斗,来鼓励广设民众圕于全国各地? 我们当怎样虚心,来研究改良民众圕之经营设施?

我们更当怎样努力,来集合现有之民众圕,作一个大规模的中国民众圕运动? 使民众圕之空气,充满着全国,促醒了富有者,来捐资创办,警起了教育界,来鼓吹提倡,领导着民众,来应用享受。

此外像荷兰,芬兰,法兰西,意大利,及其他诸国之民众圕,亦均有可述处,但因不若既述诸国之重要,可以借镜,故从略。

第三章　我国民众圕运动

我国圕事业发轫甚早，溯源渊远。古之河图洛书，可为我国图书的起源；周朝王室文库，可为我国圕的滥觞；老子任柱下史，可为我国圕馆长的鼻祖。自暴秦焚书以降，公家私人，对于图书之重视和搜藏，考诸史乘，各朝都有发扬光大的贡献，其荦荦大者在：——

（一）公家方面　我国公家图书，虽曾遭数厄，例因王莽末年，天下大乱而散失；董卓移都，吏民扰乱而散失；梁武帝之焚书十余万；唐安禄山及黄巢二次之乱而散失；以及英法联军，洪扬革命而丧失。可是汉之石渠，天禄，兰台，麒麟诸阁；晋之秘书，中，外，三阁；东晋之东观，秘阁，仁寿阁；南北朝之学士馆，文德殿；隋之西京有嘉则殿，东都有修文殿，观文殿；唐之弘文馆；宋之崇文院；元之艺林库；明之文渊阁；清之内廷四阁——京城之文渊阁，圆明园之文源阁，奉天之文溯阁，热河之文津阁，及南方三阁——镇江之文宗阁，扬州之文汇阁，杭州之文澜阁，均为公家珍藏图书之宝库。

（二）私人方面　我国私人藏书，上起秦汉，下迄清末，有事迹可考者，多凡七百余家。其中以汉之蔡邕；晋之孙蔚；邺侯家多书，插架三万轴之唐李泌；储文史万余卷于读书堂之宋司马温公；以及元设清閟阁之倪瓒；明置汲古阁之毛子晋，万卷楼之汤铁厓，天一阁之范钦，御书楼之郑氏，清森阁之何氏，千顷堂之黄氏，世学楼之钮氏；清藏籍于传是楼之徐乾学，文瑞楼之金星轺，静惕楼之曹秋岳，曝书亭之朱彝尊，艺芸书屋之汪士钟，八千卷楼之丁松生，皆为最著闻者。

上所举列我国历代的公家和私人,对于图书事业,可谓不遗余力地提倡,故于我国图籍的保存,文化的发扬,皆有不少的贡献。可是一则为宫中的秘藏,一则为个人的珍宝,社会上大多数欲读书的民众,皆不得其门而入,此可谓大憾事。依之,我国圕事业,虽有二千余年的久长历史,但于民众圕运动,实不过是最近三十余年间的事。至于晋孙蔚家藏书,任人自由取阅,远近来读书者,恒有百余人,蔚并为远道者办衣食;明毛子晋的汲古阁,四方来观书的,轴轳衔接凡二十余里,以及南方三阁之任人阅览,并许出借,斯三者,乃开近代民众运动之先声耳。现在从横面来剖视这最近三十余年来我国民众圕运动之大概。

一 从政府颁布法令方面来剖视

甲午战役以后,时论盛倡新政,各省藏书楼,遂先后设立。民国缔造,教育部特设社会教育司,圕亦随其他社会教育之设施,而渐受注重,命令各地创办。及国民党北伐成功,遂由唤起民众,训练民众,而实施民众教育后,民众圕事业,更为教育当局所重视,而认为是社会教育主要事业之一种。除教育部令外,各省教育厅对于民众圕更有各项切实详尽的办法颁布,兹分别摘要列后。

1.光绪二十二年五月,总理衙门议覆刑部左侍郎李端棻,请推广学校折中之"……一曰设藏书楼。好学之士,半属寒畯,购书既苦无力,借书又难其人,坐此固陋寡闻,无所成就者,不知凡几……自京师及十八行省省会,咸设大书楼……许人入楼看读……"有"藏书楼……均可于新立学堂中兼举并行……"等语,此为图书当供民众用之发端。

2.宣统元年,学部颁布圕制,为我国圕法令之初本。

3.民国四年十月,教育部颁布通俗圕规程十一条,为办理民众圕之根据,

4.民国五年十一月,教育部通咨各省,请各省通饬各省县圕,于搜藏中外图籍之外,尤宜注意于本地人士之著述,以保存乡土艺文,此乃为办理民众圕者,务须注意各地民风习俗的材料,以为各该地民众用。

5.民国十五年教育部训令各县,凡商店出版,及私人著述图书,应以四部送各省教育厅署,由厅分配,以一部呈部转发国立京师圕,一部迳寄国立编译馆,二部分存各省立圕,及各该地方圕。此训令固为出版图书所应遵行的,可是又不啻为谋各地方民众圕内容的充实。

6.民国十六年十二月,大学院公布圕条例凡十五条,对于市县团体及私人当如何创设圕,都有简要的规定。

7.民国十九年,教育部所颁布的圕规程十四条,为现行之法令,条文见附录。

8.民国十九年,吉林省教育厅所拟订的民众圕办法,其内容确为真正民众圕的写照,惜该省尚为未收复之失地,但为存查计,钞其条文于附录。

9.江苏省教育厅于民国二十一年十月修正公布的《江苏省各县县立圕组织暂行规程,县立圕馆长任免及待遇暂行规程,县立圕馆员聘任及待遇暂行规程》,同年六月所公布的《江苏省各县圕馆长服务细则,各县圕馆员服务细则》,这五种规程,都是为目前办民众圕人员所当注意的,条文均见附录。

去年有几省规定各省县立圕,以单独办理为原则后,江苏浙江各县之圕,凡前已归并在民众教育馆内,为图书部者,均渐次单独办理,斯亦为教育当局,重视民众圕事业之一明证。

二 从私人及教育团体提倡方面来剖视

私人之发起或创设民众圕,及教育团体之鼓吹,或提倡民众圕,都是为我国民众圕运动中的最好助力。

1. 私人方面之提倡影响于民众圕之运动较著者有:

    a. 聂云台氏之发起组织上海商业圕,为商界业余读书用。

    b. 美国韦棣华女史,鞠躬尽瘁,为我国发展圕事业。

    c. 广东冯平山氏之创立景堂圕。

    d. 陈独醒氏之创设杭州私立流通圕。

    c. 上海申报馆之设流通圕。

    f. 最近上海实业界巨子叶鸿英氏,捐产百余万元,指定为办理圕,及乡村小学用。业已成立董事会,呈奉教育部,最近正在积极筹备,一俟馆址决定,即附设民众圕一所。此于我国民众圕运动之助力,实可比之于美国的卡诺基。

2. 教育团体之提倡民众圕事业,最力者有:

    a. 中华教育改进社,在举行第一二三四届年会时,均有提倡圕事业的议案。例:

        子、请中华教育改进社转请政府及美国政府,以美国将退还之庚子赔款三分之一,作为扩充中国圕案。

        丑、请全国各公立圕,将所藏书本,及一切书籍,严加整理布置,酌量开放,免除收费案。

        寅、组织各地方圕协会案。

        卯、各省宜酌设农村圕案。

        辰、请公立圕及通俗教育圕,增设儿童部案。

b. 全国省教育联合会,于第六第九两届会议时,亦有关于
   民众圕的议案。例:
   　子、请各省教育会提倡小圕案。
   　丑、提倡设立公共圕与巡回文库案。
c. 中华基督教教育联合会亦有圕组的组织,于民国十五
   年二月举行第一次会议于上海时,其圕组织案中,关于
   民众圕者。有:
   　子、各圕互借办法案。
   　丑、培养圕流通部人员案。
d. 民国十七年大学院召集的全国教育会议,及民国十九
   年之第二次全国教育会议中,通过关于民众圕议案者。
   有:
   　子、规定全国圕发展步骤大纲案。
   　丑、改良民众读物案。(此案与民众圕的阅读指导
   颇有关系故录之)
   　寅、第二次会议,改进全国教育方案第七章改进社会
   教育计划中,规定民众是为实施社会教育的一种机关。
e. 中华圕协会第一次年会,对于通过民众圕之议案。有:
   　子、呈请教育部,通令各省市县,广设民众圕案。
   　丑、呈请政府,请将庙宇改设通俗圕案。
   　寅、呈请教育部,通令全国各教育行政机关,厉行设
   立公共圕案。
   　卯、请国民政府,斟酌各地情形,征收圕附捐,分拨公
   立及县立圕案。
   　辰、请各公共圕,充分购置平民常识图书,并以相当
   宣传简便方法,俾资普及阅览案。
   　巳、设立乡村圕,以为乡村社会之中心案。
   　午、请各圕设立流通借书部,以求普及案。

未、最近训政期内,每县至少应设立通俗圕一所案。

申、二十二年八月中华圕协会开第二次年会,于北平清华大学,特设"民众教育组",讨论民众圕问题,

计提案凡十,决议通过的有六。

甲、为推广民众教育,拟请组织民众圕研究组案。

乙、呈请教育部,通令各省市县在乡村区,从速广设民众圕案。

丙、县市圕与民众教育馆,应并行设立,分工合作案。

丁、请本会通案全国各圕,注重民教事业案。(作者按此案实与本书所提倡民众圕为中心来推行各项民教事业最为切近)

戊、编制通俗图书目录案。

己、建议中央,通令各省,于各宗祠内,附设民众圕案。

f. 安徽省党务整理委员会宣传部,于民国二十年各县党务保管时期内,曾提议将节余党费项下,在皖全省各县,筹设民众圕。后经该省政府第八十五次委员谈话会,议决如党整会宣传部所拟:

子、一级圕为安庆市等十一处,各支开办费六百七十元,月支经常费四十元。

丑、二级圕为大通市等二十处,各支开办费六百元,月支经常费四十元。

寅、三级圕为宿松县等二十六处,各支开办费五百三十元,月支经常费四十元。

卯、四级圕为婺源,郎溪,凤台三处。

g. 中国社会教育社去年第一届年会时,关于民众圕的提

案。有:

子、提倡流通圕案。

丑、其他设施类各案,要以民众圕设施,为推进社会教育的方法者颇多,不赘列。

寅、二十二年八月中华社会教育社第二次年会在山东济南开会,其中心讨论题,虽为"社会教育"应以"由乡村建设,以复兴民族"为要旨,但于设施类之议案中,亦通过:

甲、尽量利用普通民教游息场所,设立民众巡回阅览处,以增进民众阅读书报之机会案。

乙、由本社拟定民众圕分类编目法,以备全国社教机关采用案。(作者按此案应改为由本社拟定民众圕图书分类编目法以备全国社教机关采用案较为妥切)

此外各教育团体,或各省教厅所召集的教育局长会议,对于地方民众圕的设施和提倡,均有讨论,兹不赘录。

三 从各地组织圕协会方面来剖视

试读各地圕之所以要组织圕协会的宣言和宗旨,都不外乎要谋本地圕事业的发展,使民众因而获益。所以各地圕协会的相继成立,就是民众圕运动普遍化的现象。现在各地已成立圕协会的有:

名称	成立年月	名称	成立年月
北平圕协会	民国十三年成立	福建圕协会	民国十八年成立
天津圕协会	同上	太原圕协会	同上

（续表）

名称	成立年月	名称	成立年月
上海圕协会	同上	瑞安圕协会	民国十九年成立
南京圕协会	同上	浙省第二学区圕协会	同上
开封圕协会	同上	无锡圕协会	同上
南阳圕协会	同上	安徽圕协会	民国二十年成立
广州圕协会	同上	浙省第一学区圕协会	民国二十一年成立
济南圕协会	民国十四年成立	四川圕协会	同上
苏州圕协会	同上	南宁圕协会	在筹备中

四　从训练圕人才方面来剖视

训练圕人才，有二种作用，一为鼓吹提倡圕事业用，一为供应经营圕事业用。查我国最近十年来，有圕专科学校之创办，有各地圕短期讲习会之举行，皆足以证明我国圕运动的剧烈，圕事业的发展，所以需要圕人才有如是急迫的表示。兹分列讲习会及学校圕科二项如后：

1. 圕学讲习会

　　a. 北京高师之圕学讲习会——民国九年夏季。北京高师应各省之请，开设暑期圕学讲习会，各处省立学校圕职员之往听讲者，男女凡七十余人，讲师为戴志骞。程伯庐，沈祖荣等。

　　b. 广东圕管理员养成所——民国十一年春，杜定友氏在广州创办圕管理员养成所，由全省教育委员会，通令全省中等以上学校，派教职员一人，前往学习，学员共计有六十余人，教授为杜定友，穆耀枢，陈德芸等。

　　c. 南京东大暑校之圕科——民国十二年夏，东大暑校学员选圕科者,凡八十余人,由洪有丰氏讲授并指导实习。此后该校的每年暑校,都有圕科之开班,专习或选修者均不少。

d. 四川成都之圕学演讲会——民国十三年夏季,由穆耀枢在该会主持演讲。

e. 华东暑校之圕学科——民国十五年夏,在苏州东吴大学举办暑期学校,内设圕学一科,由李小缘,黄星辉等担任教授。专修者凡八人,此后每届暑校,均开设圕学班。

f. 东方圕实习班——民国十七年夏,上海东方圕召请全国大中学校暨公私立圕,各选派一人,赴该馆听讲,并实习五星期工作,由王云五氏担任讲演——四角号码检字法,及圕学概论,指导实习,则由该馆职员担任,到班者凡一百余人。十九年夏,第二次召集,实习员到者二百余人。

g. 江苏省社会教育暑期学校——民国十九年夏,江苏省立教育学院,及二十年夏江苏省立社会教育机关所举办第二次社会教育暑期学校,均有民众圕学的课程。由杜定友,马宗荣,徐旭担任讲师。每届选修听讲者,均有百余人。

h. 山东省立民众教育馆之圕讲习会——山东省立民众教育馆于民国二十一年春季,举办圕讲习会,为期一月,报名听讲者,男女有百九十八人,由赵波隐担任讲师。

2. 学校圕科:

a. 文华大学图书科——民国九年,武昌文华大学创办圕科,由美国圕学专家韦棣华女士主持其事,入学资格,至少须在大学肄业二年,入校修学期限凡三年。嗣后中华文化基金会有提倡圕之志,惟觉得圕人才的缺乏,非设法培养,不足以谈发展,于是辅助经费于文华圕

科,扩充课程,改修学期,限为二年,并设助学金若干
名。民国十五年,及十七年夏,曾在上海,南京,北京,
武昌,广州招考,第一届录取者凡九人,第二届录取者
凡十二名。现在该校已改为圕专科学校。十九年夏,
除招考第三届本科生外,又招收中学毕业生为专修科
二十名,期限为一年。去夏又特别招收"民众班",专
为训练民众圕之办理人员,期限亦为一年。

b. 四川圕专科学校——该校成立于民国十五年,规模较
小,为穆耀枢所创办,现已停闭。

c. 金陵大学图书科——学校圕之办理较善,当推金陵大
学圕。该校鉴于圕人才之急须培植,于是在十七年秋
季起,正式成立圕学科,由李小缘,刘衡如,万国鼎诸氏
担任教授。

d. 国民大学图书科——上海国民大学于民国十四年,在
教育科中,设圕科学系。主任教授,为杜定友,胡璞安
等。临时演讲,有沈祖荣,刘衡如,李小缘,洪有丰等。
该系计及为便利在服务圕者之研究起见,特设特别生
组,将课程均排在星期六,星期日,两日晚间授受,现已
停办。

此外大学之设圕学科者,有大夏大学,厦门大学,江苏省立教
育学院等。中学师范学校之设圕学者,自民十杜定友氏在广州市
立师范学校首先开班,继有江苏二师,后有广肇公学,时至今日,几
乎全国中等学校,均开设圕学的课程,授以圕学的常识。

五　从民众圕增加数量方面来剖视

我国民众圕,这几年来,数量上的增进,有几省是实在令人看

了可以心悦的,例如河南,山东,江苏,浙江,陕西,甘肃等省。其他各省,虽没有怎样特别的长进,但也都是逐年的在增加。若今后各省的社会教育经费,真能达到全教经费百分之三十或五十以后,各县的各自治区或学区,以及乡村里,都会设置民众圖,是可无疑的。兹根据:

1.民国十一年八月,沈祖荣氏全国圖调查表。

2.民国十四年十月,十七年十月,十八年十二月,二十年十月四次之全国圖调查统计,编制我国民众圖逐年进度表如后:

省市别	民国十一	十四	十七	十八	二十	省市别	十一	十四	十七	十八	二十	省市别	十一	十四	十七	十八	二十
江苏	七	二八	二七	七四	七四	陕西			二二	五一	五五	黑龙江		八		六	九
浙江	二	二三	二七	八九	九四	甘肃		一	四	四三	四四	热河				二	四
安徽		二	四	三二	四八	宁夏				二	五	察哈尔				二	四
江西	一	二	一八	一九	二一	青海				五	五	绥远				一	二
湖北	一	二	四	二二	三八	福建		一	七	三二	三七	西康					
湖南		三	九	九	九	广东		七	一四	二二	二六	南京市			一	四	四
四川	一	三	一一	二九	三六	广西			七	七	七	上海市			六	六	一二
河北	二	八		五九	六〇	云南				一	一	北平市			三	三	九
山东		二三	四七	五八	五九	贵州			一	九	一九	天津市			一	六	七
河南	一	三	九	一四三	一四五	辽宁	一	八	一三	三七	二七						
山西		六	一四	一六	一六	吉林		八	一四	一七							

再将教育部社会教育司,所制之《十九年度全国公私立圖一览表》中之各省普通圖,民众圖,社教机关附设之图书部,及阅书报处四项,制统计表如下,以明我国民众圖最近的情形。

性质数量 省市别	普通圖	民众圖	社教机关附设图书部	阅书报处	总计
广东	八八	七二	四	六六	二三〇
河南	二三	九三	三一	四	二四一
江苏	六五	二七	二六	三	一二一

（续表）

性质数量 省市别	普通圕	民众圕	社教机关附设图书部	阅书报处	总计
山东	六一	四六	一〇三		二一〇
浙江	四四	七〇	七九		一九二
湖南	三	七七	一	八四	一六一
河北	九四	二九	四	六	一三三
福建	四九	二〇	一二	一九	一〇〇
云南	二	一三	八	四五	七七
上海	六	二	八	一	一七
北平	七	二	三	一四	二六
湖北	二六	三三	一三		七二
陕西	二六	二二	一	四	五三
四川	四五	九	四	一	五九
安徽	三七	七	五	一一	六〇
山西	三三	五			三八
甘肃	五二				五二
辽宁	三一	一七			四八
南京	三	一	四		八
吉林	三	一二	一七		四一
贵州	一九	一			二〇
江西	三三	四			三七
广西	五	四			九
黑龙江	三	四			七
热河	三	一	七		一一
绥远	二				二
青海	五				五
察哈尔	三		一	一	五
宁夏	五				五
青岛		一			一

52

省市别 性质数量别	普通圕	民众圕	社教机关附设图书部	阅书报处	总计
威海卫		一			一
新疆	一				一
西康	一				一
总计					二四二四

教育部在民国二十年的调查报告,和中华圕协会的民国二十年调查报告,从前两统计表看来,有几省在数量上的相差甚大,究其原因,则不外或因调查标准之不一,或因被征者之应填有出入耳。

六 从其他方面来剖视

其他方面对于民众圕运动有关系者甚多,兹择其影响最大者列后:

1. 江苏省立教育学院于民国十九年,特设无锡江阴巷实验民众圕,作三年实验民众圕种种的计划用。

2. 江苏省立南京民众教育馆特将《民众教育月刊》第三卷四五期,合刊一《民众圕专号》,用以鼓吹民众圕事业。

3. 各圕及各地圕协会之出版圕年刊,季刊,月刊,会报,以为推进民众圕事业。

4. 各民众圕及民众教育馆之举行读书运动,和图书展览会等,以引起民众阅读兴趣,增进民众圕运动力量。

5. 上海圕协会之开设圕学函授学校,其有助于办民众圕者之力亦不小。

七　结论

我国今日民众圕事业,究属尚在萌芽时代,有赖我人继续不已的努力,庶几于未来,可以获得花开满枝,果结累树的愿望。因为这民众圕事业,实为大众谋精神利益的,所以更愿:——

1. 教育当轴,认清民众圕在全民教育上的地位,作一个通盘发展全国民众圕的计划,并规定各县民众圕的经费,当占全县社会教育经费之百分之三十至四十之数。
2. 拥有资产者,皆能像叶鸿英氏的热心,捐金创办民众圕于全国各地。
3. 各教育学会,团体,机关,及出版界,能多出力,为民众圕事业,作鼓吹和提倡的工夫。
4. 圕界同仁,更当设法多举行民众圕讲习会,借以多训练若干可以切实经营民众圕的人员。
5. 现任县立圕,民众圕和民众教育馆图书部的工作人员,从速改进管理,和注重指导阅读等方法,使民众圕,不为死的贮水池,而成活的喷水泉,浇灌民众知识的心田。

第四章　创立民众圕之步骤

因为近代民众圕之特征：

一、是不仅收藏图书,且亦教民充分利用图书。

二、是不单要保存文化,且要藉以发扬国家文化。

三、是不分阶级,而注重教育机会均等。

四、是不拘呆板,而采用活动教学法,以餍各人之需求。

五、是除任人来找书外,更用各种图书流动法,以书去找人。

六、是任人自由阅览外,更实行无保证的出借图书制。

七、是以全民众为对象,来实施民众圕中心的民众教育事业。所以最近几年来,各省各地之创立民众圕,是继续不断地在进行着。若考查我国目前各民众圕创立的目的,则不外乎后列的三种：

（一）为要普及民众教育而创立的　为了这个目的而要创立民众圕的,其动机大都起于教育当局,例如某县教育局,因为要实施普及全县民众教育的计划,于是乎规定某年度拟设民众圕几所,某年度拟增设民众圕几所,我国今日之民众圕,大多数是根据这个目的而创立。

（二）为应需要而创立的　某机关或某团体感觉到在其所在地的一般民众,有求智的渴望,读书的需求,于是即将该团体或该机关的图书室,扩大开放,而成民众圕。或应大众的需求,而特别创设一所民众圕,藉以满足民众之求智欲。我国因此目的而设立的民众圕,在学术文化比较发达的几省都有,至于因民众需要,而由地方呈请教育当局创立的,或由地方人士自动集资创立的则尚不多。

(三)为纪念而创立的 因某富人的遗嘱,而将其遗产之一部分,来创立民众圕。或用某人所捐助的资金,来创立民众圕。或将某人所指拨其所收入的某项赠金,而创立民众圕。在我国目前,计为此纪念之目的,而创立民众圕,尚属最少数。

因为我国各地之民众圕,由教育行政当局所规定,是要普及民众教育而创立的,居最大多数。所以对于创立民众圕之进行程序,姑以此为准绳,而分教育行政当局,设计委员会,及筹备主任或馆长三步骤。

一 步骤一——教育行政当局方面

创立一个公立的民众圕,其最先的责任,是由教育行政当局负之。所谓教育行政当局,狭义言之,是指县教育局局长,及社会教育科科长,他们所当干的职务为:

(一)选定馆区 教育行政当局,当根据他们的普及全县教育计划,来逐步创设全县的民众圕。如以学区为单位来创立民众圕的,那末某年度当在何区先设立? 以及设立该民众圕的施教区域是怎样? 都须早为之预定。

(二)规定经费 这是在今日各地常见的一个现象,就是教育局长委任了一个筹备民众圕主任后,因为没有筹款的规定,便使此民众圕,在长期敷衍筹备中。所以对于创立民众圕的筹备经费,开办经费,以及常年经费等,均须于事前筹措规定,不致一筹莫展。

(三)聘请设计委员会 在一个地方设立一个公立的民众圕,教育行政当局,都忽视地方人士的辅助,所以过去民众圕的设计委员会或董事会,皆由馆长感到发生问题后,而始设法呈准聘请。我以为要此事业开始时,就立一个坚固的根基,此设计委员会,当由教育行政当局,先为聘请组织之,至于选聘设计委员当注意的,则有:

1. 资格:当具有声誉学识者,热心地方公益者,及对于民众圕事业,饶有兴趣赞助者。

2. 人数:五人至十一人为最适宜,盖过少则不能集思广益,过多则不易召集会议。

3. 分配:若委员为九人,则除教育局长,社会教育科科长,为当然委员外,其余七人中,本区人至少占五人,余额可请圕界有声誉者,或教育界之闻人充当。

4. 任期:除当然委员随其任职而无定期外,其聘请者,可以一年至三年为限,每年可由委员会,改选三分一之委员。

5. 酬谢:设计委员均为义务职,凡远道的委员,每次来馆集会者,则可贴以车马费若干元。

(四)委任筹备主任或馆长 教育行政当局对于筹备主任或馆长,切忌滥委对于圕学识毫无之私人。因为民众圕比较是专门的事业,若开始委人不当,非特于筹备期中,要发生各方面之浪费,即于将来事业之进行,亦必因措置无方,而致迟缓不前。所以对于筹备主任或馆长之委任,除须依照教育部或教育厅所颁布任用馆长条例外,尤宜注意其服务之精神,明确之理解,健全之身体,和蔼之性情,设计独创之思想,善言为文之才能等。

二 步骤二——设计委员会方面

设计委员会,既经组织成立后,他们即当继教育行政当局,根据他们的职权,来开始活动,推进民众圕的筹备工作。他们的职权是:

一、设计民众圕馆舍之建筑。

二、制定该馆之行政大纲。

三、研究民众圕教育之问题。

四、指示馆长图谋发展馆务之方法。

五、沟通圕与社会间之意见。

六、谋该馆基金之增加。

在筹备期中，他们的工作为：——

（一）决定馆舍　公立的民众圕，大概是借用公共机关的房屋。如果既利用不到公共的房屋，又租借不着适用的民房为馆舍，那末只有设法筹措经费，建筑馆舍。我对于建筑馆舍的临时经费，认为须由教育局筹措，所以如何筹措经费一层，略过不提。惟于馆舍建造方面，因为与民众圕之作用，活动，和事业的设施，有极大的关系，所以将应注意之点举列之：

1. 圕是专门的建筑物，所以设计委员会，当会同圕专家，建筑师，医师和馆长等，详细计划，切不可造次随便建造。

2. 对于质料，在可能范围内，当能以防火患者为最佳。

3. 民众圕不是暂时的教育事业，所以它的建筑物务须坚固持久。

4. 民众圕的建筑物，固不可单重外形的美观，但亦不可过于简陋，其主要目的，乃在适用。所以"用""美"兼备，是为最合理想，也是最为切实的民众圕馆舍。

5. 当预计目前可以达到设施事业的目的，及未来可以发展事业之应用，去支配各室。

6. 建筑位置，以空旷高燥为要，方位以向东南为宜，四周以有扩充之余地为最适当，是皆所以求合卫生的要素。

7. 馆舍地点的选择，当注意何处为全市的中心？人烟为最稠密？交通为最便利等。

兹根据我国公立圕经费的情况，各地圕阅览图书人数的统计，和适合民众圖的应用,作二种式样之轮廓,以供建造民众圖者之参考。

下图中的阅览室,约可容五六十人,四壁置以书架杂志架等,用开架式办理,颇为适宜。书库内可存报章,杂志,小册子等,若与5、7"两室各开一门通行亦可"。中心陈列室,乃备为每周,每旬,或每月中心单元运动时,将有关系某运动之书,均陈列于此。至将来图书增多时,可将6之左半间前后拆去,作为通道与后留空地,另建书库可也。此种房屋,约有二三千元,即可建造了。

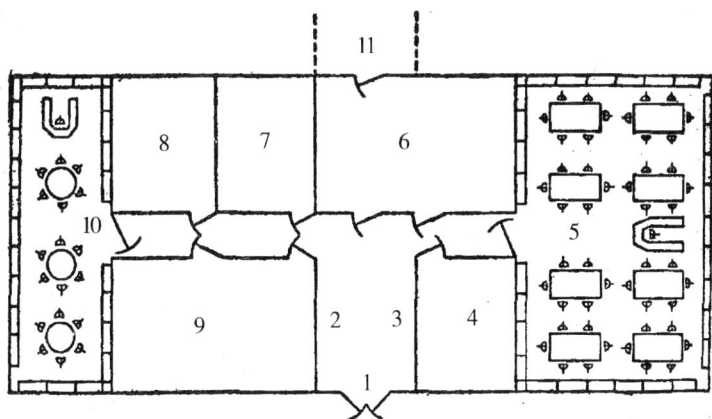

说明

1.入口大门	7.办公室
2.置雨具处	8.中心陈列室
3.布告处	9.阅报室
4.会客室	10.儿童阅览室
5.阅书室	11.后面空地
6.书库	

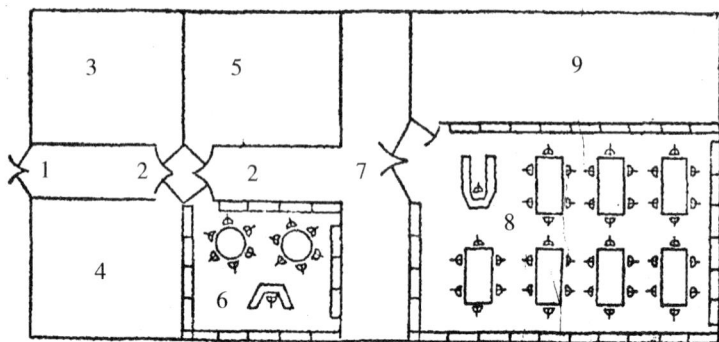

说明

1. 入口大门　　　6. 儿童阅览室
2. 走廊　　　　　7. 天井通道
3. 会客室　　　　8. 阅书室
4. 阅报室　　　　9. 书库
5. 办公室

　　此图与上图所不同者,乃因地基狭长,故将房屋分为前后两埭。阅书室亦采用开架室办理,书库所以与之毗连者,乃为参考旧杂志和报纸之便利计。阅书室在后埭,较为幽静,使阅者更可专心阅书。此种房屋之建筑费,亦不过二三千元。

　　以上两种图样,作城区和乡区之民众圕,在我国今日,已尽够足用哩。馆舍四面如能留以空地,则为尤妙,盖可备未来之扩充用。

　　(二)制定方针　对于馆中内部专门的工作,当然由馆长设计,可是对于馆之行政大纲,设施方针,则都须由设计委员会负责讨论来制定,以为馆长推行事业的南针。

　　(三)鼓吹宣传　设计委员会委员,大多数是本地人士,是有力量,有威权的人士,他们的一言一语,一举一动,是可以左右全区民众的信仰,所以在创立民众圕筹备期中,鼓吹宣传的工作,当由

60

设计委员会负大部分的责任,来引起民众热忱地渴望民众圃的成立。他们宣传的方法,不必要贴标语,发传单,公开演讲,举行游艺,只叫在茶园里,友朋间,街头巷尾的随谈中,伸言民众圃的需要和利益,就会一传二,二传十,十传百地不到三五日,传遍全区的民众了。

(四)辅助筹备主任或馆长 教育局所委任的筹备人员,因为是必须合部厅所颁布的条例起见,所以不一定是本县本地人。那末若一个人地陌生的人员,来此筹备,终有许多隔膜的地方,因此设计委员,务须将该地的人情风俗等,都详为之说明。至于在筹备期中,各事的进行,亦须剀切为之辅导,其他可供事业进行的材料,则尤须随时指示之。

三　步骤三——筹备主任或馆长方面

创立一个民众圃的步骤一——教育行政当局,不过是引起动机而已。步骤二——设计委员会,不过是鼓励推动而已。其一切大小的实际工作,究竟还是要由筹备主任或馆长来负起责任干。像建筑新馆舍一项,似乎是设计委员会的工作,但实际经过他们的规定式样,招标承造后,其他室内支配,室外布置,建造时的监工照顾等,全是要筹备主任或馆长负责。兹将其在筹备期中的工作,分两方面略述之。

(一)对外方面

1.联络——联络地方上的领袖,机关,和热心人士,是筹备人员所不可不下的工夫,因为设计委员,不过是地方上领袖的一部分。所以若要在筹备时,使事业的进行更顺利,辅助的力量更强大,那只有联络地方人士和机关,藉获其同情而得其助力。

2.调查——为什么要在这个地方创立一个民众圃的原因,教育局方面当然早已调查明白,可是将来要在这个地方如何实施民众圈教育?如何推行民众圈事业?如何可以事半功倍?如何可以有所举动,就有所成就?则于该馆之所在区内,有无其他民众教育机关?有若干民教机关?他们的施教情形是怎样?社会民众对他们的态度是怎样?他若人民的生产能力是怎样?地方的经济状况是怎样?一般民众的教育程度是怎样?都当一一调查清楚。此时所用的调查方法,是偏重于用锐利的眼光来观察,沈静的脑子来思考,各种情形都明了后,则于未来事业之推行,便就容易了。

3. 宣传——一个机关,事业未曾努力干,而徒事宣传,或专从事宣传,那当然是不可以的。但此地要新创一个民众圈,使外界人士的助力更丰富,本地民众的了解更透彻,此种正当有意识的宣传——例如投登筹备消息或近况于报纸,或民众刊物,利用本地机关集会时,出席演讲,租映关于识字运动或各国圈状况的影片等,那都是筹备人员必须设法去干的。

4. 参观——筹备人员,于圈学虽有研究,或富有经验,但此种事业,是日新月异,他山之助,尤所必要。故若在筹备期中,能在各种用途下,节省一些下来,到附近各县的民众教育机关或著名的民众圈去参观藉以取人之长助己之短,来经营自己的民众圈,实为必要。苟使经费实在不宽裕,时间实在不充分,则竟可少参观几处,可是千万不可走马看花,而务须精究详询各馆的设施实情。

(二)对内方面

1. 设筹备处——若一时不能觅得相当的房屋为馆舍,则在开始筹备时,可由设计委员会,设法借用该地之教育机关,或其他机关,暂时附设民众圈筹备处。

2. 请助理员——筹备处一经成立,则行政上琐务,以及书写及其他的工作,即随之以生。此时若不论大小繁简的事,均由筹备主任一人负责处理,势有所不能,故可先物色一能力强,性情好,刻苦耐劳的助理员,襄理筹备期中的工作。

3. 拟计划书——计划是事业设施的方针,工作进行的先声,所以计划愈详尽,则事业愈能按步设施,计划愈切实,为工作愈能顺利进行。民众圕的计划,不同其他社会教育的机关,其中有几点是应该特别注意的。兹将民众圕计划的轮廓,组织之要点列后,以供参考。

A. 绪论或导言。

B. 原则。

C. 目标。

D. 组织——附民众圕适用之组织系统表。

民众圕之在城区者,其主要事业是:——

(1)保藏本县特有文化学术之图籍。

(2)辅导乡区民众圕之创立和进行。

(3)计划本县民众圕之事业之推广。

(4)实验研究民众阅读指导之方法。

故其组织系统表为:——

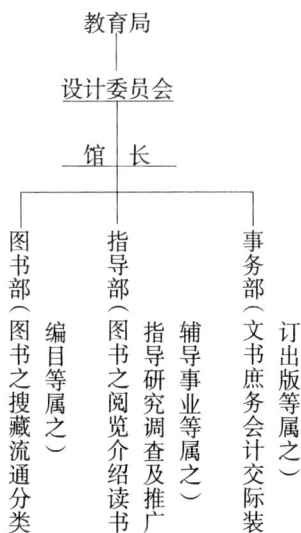

```
                教育局
                  │
               设计委员会
                  │
                馆   长
        ┌─────────┼─────────┐
       图        指        事
       书        导        务
       部        部        部
      （图      （图      （文
       书        书        书
       之        之        庶
       搜        阅        务
       藏        览        会
       流        介        计
       通        绍        交
       分        读        际
       类        书        装
       编        指        订
       目        导        出
       等        研        版
       属        究        等
       之）      调        属
                查        之）
                及
                推
                广
                辅
                导
                事
                业
                等
                属
                之）
```

民众圕之在乡区者,其主要事业为:

(1)普及民众读书机会。

(2)实施各种图书流通事业。

(3)联络其他民众教育事业,共同进行。

故其组织表可如下表:

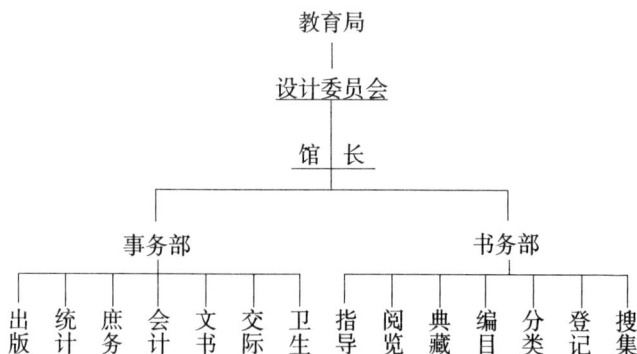

```
                    教育局
                      |
                   设计委员会
                      |
                    馆　长
        ┌─────────────┴─────────────┐
      事务部                      书务部
  ┌─┬─┬─┬─┬─┬─┐        ┌─┬─┬─┬─┬─┬─┐
  出 统 庶 会 文 交 卫    指 阅 典 编 分 登 搜
  版 计 务 计 书 际 生    导 览 藏 目 类 记 集
```

E. 设备——作各室布置图,并述说必需用之器具——如书架,杂志架,书桌,报架,椅子,目录箱,书片盒,办公桌椅等之大小和用处。用品——如卡片,标笺,书袋,报夹,印章等。(设备用品数量及价值,可于开预算书设备项内详细说明,藉以显示圕用具和用品,乃与其他机关的有不同)

F. 选购——根据普通图书选购之原则,本地特殊需要之情形,最低经济限度之能力,述说本馆拟购各类图书百分比之理由。

G. 分类——详述本馆拟采用某图书分类法之意见。

H. 编目——图书目录拟如何编制之说明。

I. 阅览——拟辟各种阅览室之解释。

J. 事业设施——要将举办种种事业之办法,进行,目的等,略加说明。

K. 经费预算书——兹附关于制民众圕预算书,所当了解之几点于后：

甲、创办费预算法

（1）客观法——此法乃根据人口之多少为标准，若圕专为附近民众阅览者，则每口当备书一册，若供全区内民众阅览者，则每十口当备书一册。依之，可推知凡城区民众圕，其藏书标准与人口之比例为1：10，乡区民众圕书与人之比例为1：5。然后可预及将来藏书之限度，供阅览人之多少，和事业之范围，再加上建筑，设备，图书，事务等费即确定创办费之总额。

（2）主观法——此法乃根据已指定创办费多少为标准来作预算。所谓有多少经费，做多少事业，量入为出是也。在我国今日，比较用此法，为切实可能。兹列创办费之分配表于后。

创办费总额（元）	建筑费	设备费	图书费	事务费
五〇〇	三〇〇	一〇〇	五〇	五〇
一、〇〇〇	六〇〇	二〇〇	一〇〇	一〇〇
五、〇〇〇	二、五〇〇	八〇〇	一、四〇〇	三〇〇
一〇、〇〇〇	五、五〇〇	一、〇〇〇	三、〇〇〇	五〇〇

此表所示，不是一定不易之成数，竟可因宜而互增减之。惟有数项当注意的：

（1）创设公立民众圕，往往使用公地，故不列购买土地费。

（2）设备可在后随时添置，故建筑费实在不敷时，可移用设备费之十分之一。或十分之二。

（3）在创办时，勿将所有之图书费，于短期内，悉数购书，以免仓猝选书之不慎，及因整理编目之费时，而迟延开馆日期。

（4）凡创办费极少者，其采购图书费，亦必极少。则藏书与人口之比例数之相差，必随之太远。那末，事前须与其他圕接洽者，凡三事：（A）图书互借法。（B）经理代借图书。（C）受巡回文库之陈列。他若函索，捐赠，寄存等，均须早为计及。

乙、开办费预算法　开办费系指馆舍已有而言，故不论教育局

65

有否指定临时费,均可根据后列之开办费分配表,推制预算表。

开办费总额(元)	设 备	图 书	用 品	印刷品	修 缮	杂 支
二〇〇	七〇	五〇	三〇	二〇	二〇	一〇
三〇〇	一二〇	八〇	四〇	二〇	三〇	二〇
五〇〇	一六〇	二〇〇	五〇	三〇	四〇	二〇
一、〇〇〇	四〇〇	三六〇	七〇	五〇	八〇	四〇
二、〇〇〇	八〇〇	八六〇	一〇〇	八〇	一〇〇	六〇

　　修缮一项,当然要看现有房屋之破坏情形,而定其修理费之多少。上表所示,乃指此现成之房屋,尚可应用,不必大加修理,故所定之费极少,乃以之不过作为粉饰墙壁,添配玻璃等之用途而已。
　　丙、经常费预算法　美国对于圕经常费项目之确定,各项目数量的确定,均有一定标准。例如普通民众圕之经常费预算项目,可以詹姆士布朗圕James V. Brown Library所用之预算表为准。内分图书费,添置消耗费,行政费和杂费,分站开支,薪金,临时费,特别费等七项。其经费以每人每年出一元为标准而定。例如某城市有居民三万人,此民众圕之经常费,即为三万元。吾国圕事业,尚属幼稚,当然谈不到此种办法,可是此亦可为制经常费预算表之推比用。例如无锡江苏立教育学院江阴巷实验民众圕划定之区内,有民众凡七千余口,每人每年以出半元为准,则全年之经常费,即得三千五六百元。所以该馆于二十年度之经常费预算为三六三六元。因其支配表,颇可为我国各县城区民众圕作参考用,故列后:

项目 数量 名别	薪 工	房 租	图 书	事 业	办公费	杂 支
元数	一八七二、〇〇	四六八、〇〇	六〇〇、〇〇	四三二、〇〇	一四四、〇〇	一二〇、〇〇
百分数	五一	一三	一七	一二	四	三

　　凡已有房屋为馆舍之民众圕,可省去房租一项,可将此费用之

66

五分之三,充图书费,五分之二,充活动事业费。然后此预算表,更合教育部现今所规定社会教育机关经费当以百分之五十为俸给,百分之四十为事业费,百分之十为办公费之标准了。

兹再伸述各项所以要占百分数多少之理由。

(1)俸给——何以俸给要占全费之半呢?只是因为民众圕所发生效能的大小,不在图书之多少,而在馆员能力之强弱为断。从前主管圕者,皆以为图书费愈多愈好,至于馆务,则委请一人主司之,是诚大错特错。要晓得图书虽是万能,岂不知使图书之万能充分显著,乃在馆员。是故要使圕增进效能,则当聘请良好的馆员,要聘请良好的馆员,则当从丰酬薪。因之此俸给,要占百分之五十,诚不为过多的。

(2)图书费——图书,杂志,报章,装订,修破五项之总名,曰图书费。确定这项费用之多少,当先根据下列各项之估计。

a. 当概计国内一年间发行之图书约若干部?

b. 每部或每部之平均价值为若干金?

c. 决定本馆拟采购若干部?

d. 拟购定中外杂志报章各若干种?

e. 概计若干人用书? 每书平均用若干次? 用几次后此书必须修理? 杂志报章之须装订等费各需若干?

从各方面估计后,即可定图书费各项之百分比了。例如每年购书费为六百元,则其分配可如下表。

名别\数量\项目名	图　书	杂　志	报　章	装　订	修　理
元　数	三六〇、〇〇	六〇、〇〇	一二〇、〇〇	三〇、〇〇	三〇、〇〇
百分数	六〇	一〇	二〇	五	五

现在再照教育部所规定社会教育机关经费分配之规定,及江

苏省现行圕馆长馆员之待遇条例,列一最低限度的民众圕经常费预算书如后。

第一项　俸给——九一二元

(1)馆长月支最末级薪俸三十五元,年共四百二十元。

(2)馆员一人,月支最末级薪俸二十五元,年共三百元。

(3)练习生一名,月津贴八元,年共九十六元。

(4)仆役一名,月给八元,年共九十六元。

第二项　图书费——四五〇元

(1)图书每册平均以大洋三角计,年购九百册,计二百七十元。

(2)杂志每种每年平均以大洋三元计,年定十五种,计四十五元。

(3)报章每月定十余种,年计一百二十元。

(4)装订完卷之杂志,及每月报纸之汇订,年计二十五元。

(5)图书修理,每册平均以五分计,年修图书之五分之一,计十五元。

第三项　办公费及杂支——三一六元

(1)文具月计二元,年共二十四元。

(2)邮电月计一元五角,年共十八元。

(3)印刷月计三元,年共三十六元。

(4)修缮二十元。

(5)添置馆内用具用品等五十元。

(6)出勤月支一元,年计十二元。

(7)消耗电话,月计五元,灯油月计五元,茶水月计二元,年共一百四十四元。

(8)备用十二元。

若此民众圕,其事业为只供给民众阅览书报,不作其他活动教育事业,其经常费已需一千六百七十八元。依之,最低限度之民众

68

圕经常费,当为一千七八百元。

在筹备期内,所拟之计划书,呈请教育局核准,乃领取临时费,然后继续其内部工作。

4.购置设备——各种设备的式样,用途,价值等,均详载第五章中。

5.拟订规程——民众圕之各种应用规程拟订后,亦须经教育局核准,方可施行。各种条例,亦详见第五章。

6.选购图书——选购图书之种种问题,均详见第六章。

7.发索赠刊物信件。

8.新购图书之分类编目,其方法和手续,均详见第七章。

9.编印入馆指南——入馆指南,为指引民众来馆之向导,在民众圕未开幕前,能编印若干册,于开馆时分送,其于民众来馆之兴趣,必可增厚,于民众对圕之了解,必可更彻底。此指南内,可有本馆创设宗旨,目标,组织,各室阅览规程,开放时间,借还图书办法及手续,分类编目方法的指示,以及拟办各种活动之教育事业等。

10.其他琐务,如督促修理,各室布置,图书陈列,印发请柬等。

馆舍修理既竣,图书工作既了,设备已布置,规程已订定,开幕前各种应办之事,全部筹备完好,即可如期举行开幕典礼。

四 余论

上面所订的步骤一,二,三,系指该民众圕,是由教育局所拟创办的而定。若民众圕是由民众呈请创办,私人捐款创办,或地方团体民众自办的,其经营步骤,当然略有不同,兹补述于后。

1.由地方呈请创办者,其第一步工作,即须拟一呈请创立某地方民众圕呈文,若能在上呈文时,附以民众圕设施计划书,及经费预算书者,那是更佳。一经教育当局批准,则其进行程序,与前者同。

2. 由私人捐助创办者,有数点须提出的为:

(1)不论是某人的遗产,或某人之赠金,来创办民众圕的,第一皆须由管遗产或赠金者,先设法组织设计委员会。

(2)若只有创立民众圕之临时费,而无筹款或息金充为经常费者,则设计委员会,当负责筹募。筹募之法:

a. 捐募基金,存储生息,作为经常费。

b. 向地方各团体商助每年若干金。

c. 地方各户年认若干金。

d. 请教育当局维持或补助。

(3)私立民众圕的设计委员会,有负筹措经费之责,同时他们也有聘请或监督馆长之权。

3. 由地方团体或民众自办的,则第一步须由发起人,组织设计委员会,然后筹募经费,按步创立。

对于筹募经费,英国有募公债之办法,美国有征税法之规定,这种办法,虽归政府办理,但经法律订定,仍由地方直接征拨专为圕之用。近亦有由地方规定某种罚金,充当维持圕经费者。欧美还有储蓄集金之法,例如欲在某地方设一民众圕。事前导诱区内民众,每人每日认定出资若干,所储之款,可由设计委员会负责保管,一俟集腋可以成裘时,即创设圕。此募公债,征税项,收罚款,储集金,种种办法,在我国似乎颇难实现,但全国圕协会,若对政府有周密办法之条陈,对国民有循诱善导之宣传,一经政府采纳办法,民众接受劝导时,何患此举之不能成功耶?

我国各地,在新建筑圕后,往往发现这两个最普通的结果:一,是经费支配不得当。二,是馆舍式样不适用。究其原因,无他,主持者不谙熟圕之经营耳。所以若能照上面所述的步骤,去创立民众圕,必不会发生什么大困难了。

第五章　民众圕之设备簿表与章则

"工欲善其事,必先利其器"。"不以规矩,不能成方圆"。是可知器之利,可以使事抵于至善,规矩之设,可以使成方圆之器,民众圕的设备——家具和用品,簿表及规程,器也,今要使之成为规矩的利器,藉以获得方圆至善的事迹,那末,对于此三者,就有研究的必要了。

一　设备——家具和用品

设备　圕的设备,与其他机关所用的不同。民众圕的设备,与学校圕的设备又不同。民众圕设备之制造所应注意的普通原则为:——

1. 材料——宜用最干的硬木,如橡木,榆木,樟木,槐木等制造,庶可免日后器具走样,弯曲,或缩裂之弊。
2. 尺度——各件有各件的专门用处,所以应当特别注意各件的大小宽狭,以使成精确的专门家具。
3. 式样——不必锦上添花地加工雕刻或镶嵌,但求朴素简净的美观。
4. 颜色——须免除绝度的深色,最好能配以与房屋的墙壁,地板和天花板相调和的颜色。

5. 统一——民众圕的设备,最好有一致的标准,以美观瞻:如
家具之移置馆中各处,其样式与色彩,均可配合。
如某用品的式样大小,有一定标准,免时常更改的
麻烦,以及不一致的难看。

普通原则既明,兹进一步言各件之种种。

甲、家具——

1. 书架——民众圕开架式阅览室之书架,靠墙壁摆者,可用单
面式书架。若用书架来将全室隔成几间,作为壁用者,可制双面书
架,其:

高——自五呎至六呎

宽——三呎

深——单面八吋至十吋,双面一呎四吋至一呎六吋。

层——除下脚去三吋或四吋外,余可平分为五或六层,每层之
至少距离为十吋或十一吋。若要为陈列大小书册便利
计,则每层之板,可特制能移动的,其法用锯齿板,或架
旁钻空插铁钉,其距离约一二吋为度。

材料——材料以坚实的硬木为之,凡紫檀花梨小木等,易于泛
潮流脂者,忌不可用。但民众圕经费困难,则以松木
为之亦可。

颜色——橡木色淡黄色青灰色为最普通。

容量——依上呎吋之单面架,每层约可放中文书六七十册,西
文书三四十册,双面的倍之。

价值——各地生活程度及木料之产量不同,故不能十分确定。
但在江南浙西一带,以洋松质料来制,单面架每只约
七八元,双面者十元。如下列 A 图做玻璃门者,至
多亦不过十三元。

用途——开架式之阅览室,可用双面架,此种架放在书库内,
亦可代库架用。

72

式样如图一,图二,图三。

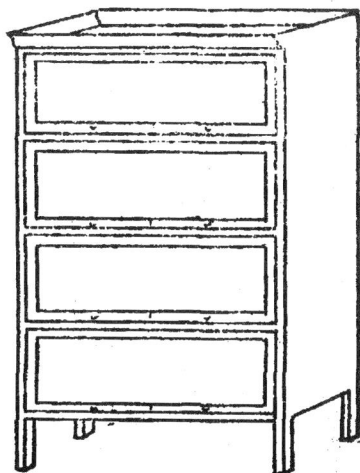

图一 (A)有玻璃门式

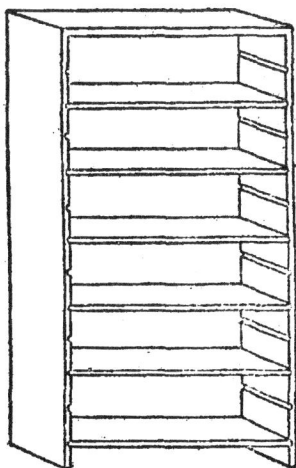

图二 (B)层板活动式

2. 杂志架——杂志架之式样甚多,有普通式,桌面式,书架式及抽屉式等。民众圖可取用者凡三:

A. 抽屉式——此种为最合于应用的。每抽屉上面可陈列最近一期之杂志。抽屉中可存该杂志某卷过去之各期,此于阅者颇为便利,其:

高——五呎半

宽——三呎

深——一呎

层——横直各四或五层,上

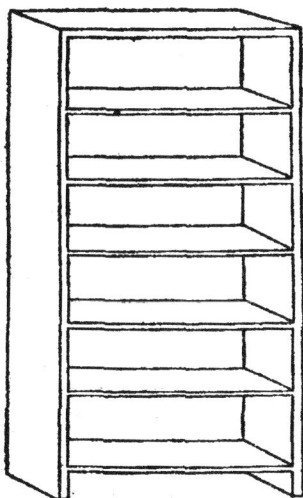

图三 (C)层板固定式

下两层之间,当有一时半之空格,作为放最近期杂志之用。若要将较大的杂志,亦放在此架内,则可将此架之最下两层,每层原有五抽屉的,改为四抽屉或三抽屉亦可。

容量——若每抽屉的大小均同,则此架可放杂志二十种。

价值——洋松为之,每只约十六七元。

材料颜色——最好与书架同。

B. 书架式——

呎时——高为五呎,宽深与单面书架同。若固着墙壁者,则当先计及中文杂志每册约占多少面积?西文或较大之杂志每册约占多少面积?然后决定每层的宽深为若干呎时而装制。

装置——最下层须离地面二时或三时,每隔四时,可设一层板。其斜度为二时,层之边缘,当钉一木条,以支杂志的坠落。在架外每层横隔之木条上,钉以类目牌,书以杂志名。

价值——以洋松为之,每只约五六元。

材料颜色——亦当与书架同。

C. 桌架式——

呎时——两面高各十时至一呎,每面斜度为二时余。

用处——可依阅书桌之长而作,放于桌之中部。若桌长五呎,则每面可陈列杂志八九种。

价值——若桌长五呎,则此架每个约二元。

材料颜色——与阅览桌同。

式样如图四,图五,图六。

3. 阅书桌——书桌之美丑,和适宜不适宜,与阅书人之愉快心理,很有关系。故书桌必以备较最妥用的为宜,方者,圆者,长方者三种,以长方者为最好。长方者亦有大小之别。其最适用者为:

呎时——二呎六七时高,五呎长,三呎阔。

容量——对面可坐四人,两头可坐二人。

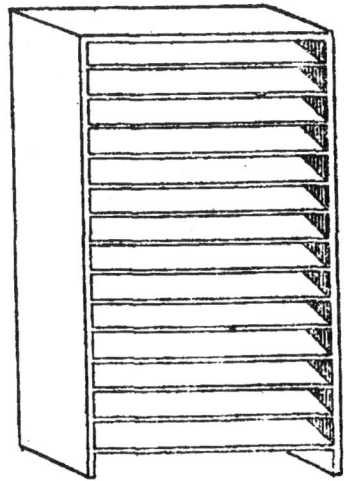

图四　（A)抽屉式　　　　　　图五　（B)书架式

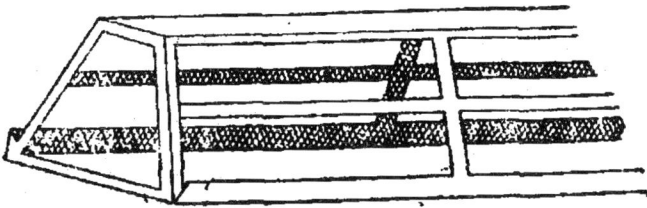

图六　（C)桌架式

价值——洋松制者,每只约十元。榆木或樟木制者,约十五元。

颜色——与全馆各种器具同色为宜。

式样如图七。

4.阅书椅——阅书椅之式样呎吋,较其他各件,尤须注意,要与阅书桌之高低相称,方为合用。其制法以简朴坚固为要,坐面可如鞍形以使坐者舒适。其:

75

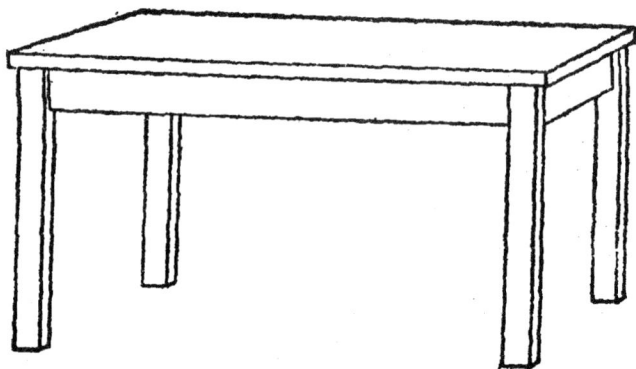

图七 阅书桌

呎吋——高十八吋,阔十七吋,深十六吋,背高十九吋或廿五六吋。

材料——用硬木制,使阅者离座时,不致因太轻而发声。

价值——每只约三元左右。

颜色——与书桌同。

式样如图八。

5.出纳台——民众圕宜采用开架室,那末出纳台所放之处,不在阅览室中心,即须附近室之出入处,使馆员对于读众,便利接触照料,此台之:

高——二呎八吋

宽——六呎

深——二呎半

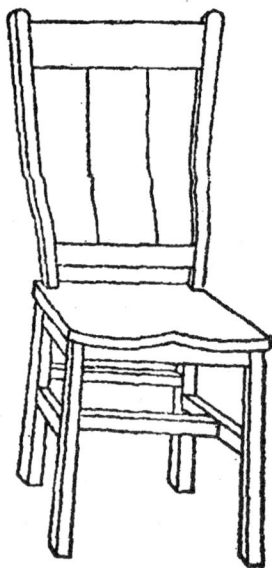

图八 阅书椅

76

装置——两边可装大小抽屉四只至六只,以便存放收还之书,及管理员所需用之零星物件。

材料——亦以坚质之木为宜。

颜色——与室内其他之用具同。

价值——约二十元。

式样——有 U 字形,O 字形,翅形,多角形,长方形等,民众圕可用长方形。式如附图九。

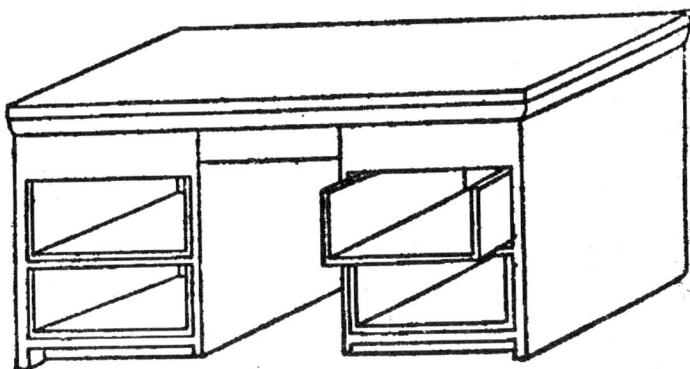

图九 出纳台

6. 展览架——馆中新书,经分类编目后,若即陈架出借,势必有许多阅者,不得轮阅。故另制展览架,将新书放在该架上,使大众均得一睹,经过相当时期或下批新书到后,方可出借。此架之:

呎吋——高四呎半,宽三呎半,深一呎半。

装置——可做双面式,每面分四五层,每层前后之斜度为四五十度,使书分类置其上,可令阅者注意。末一层若平制,则可直放一部分新书。

容量——每层可放八九册,则全架双面以十层计,即可放八九十册。

材料颜色——与其他各件同。

价值——每只约十元左右。式样如图十。

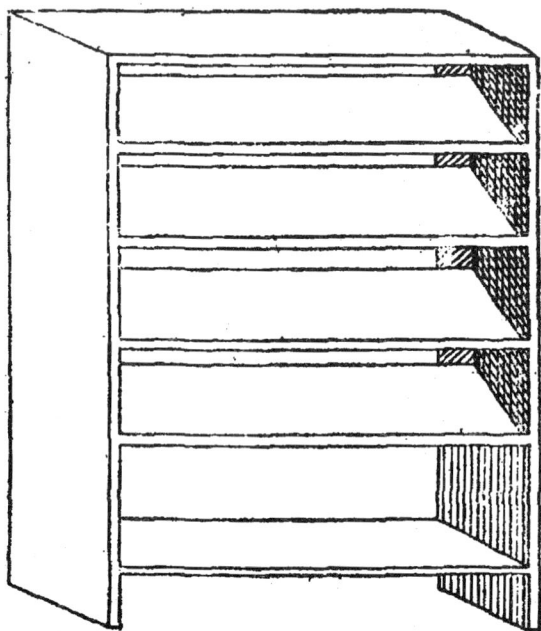

图十　展览架

7. 报纸架或台——民众图所备报纸，每种大概不过一份，且有不能将各报具备者，而阅者很多，则以另辟阅报室装报台为宜。但民众图，亦往往因经费缺少，或馆舍狭小，不能另辟一极宽大的阅报室，即能辟亦不过一小间而已，那末，可以备报架。

A. 报台——一面式或二面式。

装置——一面式可固着墙壁,二面式可装于室中将报平置上面,报之中缝处,用铜条或坚木条固着。此条之宽,不得过半吋。

呎吋——宽可依室之面积来开比,深可二十吋至二呎,高内端或顶端计三呎六吋,外端计三呎。

材料——洋松。

颜色——与馆内其他各用具同。

容量——视台之宽而定,大概三呎宽可置报一份。

价值——亦视台之大小而定,单面长二丈,用洋松料做,约四五元。

B.报架——有架式,壁杆式。

(1)有架式——

呎吋——高六呎,宽二呎四吋,中间之距离凡二呎一吋。

装置——自离架脚底十八吋或二呎起,在左右两杆上,钉以钩子,由此每距六吋,钉一钩子,一面式的,计可挂报八种,二面的倍之。

其他——材料用洋松,颜色淡黄亦可,一面的约二元,二面的约三元。

报杆——长凡三呎,底板一方吋,两端执手处,各六吋。方式圆式均可,其间之二十四吋,去其半面,另装六分厚之夹条一,一端以铁质铰链固着于底板,一端装以小铁钩以便夹入报纸后,与底板上同端之小钉钩着。

其他——材料与颜色均与架同。价值每杆约三四角。

(2)壁杆式——此为最经济之方法,用长三或四呎,宽二吋,深三吋之木一方,钻以数孔,每孔之距离约八吋,孔凡四十五度,再用螺旋钉固看此木于适当之壁上,然后将报杆插入之。

各种式样如附图十一。

图十一(A) 报台

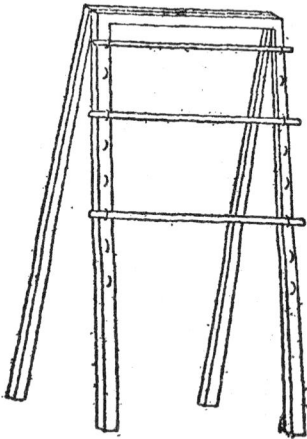

图十一(B)子 有架的报架式

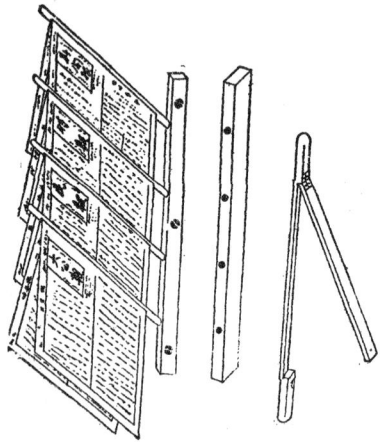

图十一(B)丑 壁杆式 报杆

8.地图架——凡馆中已裱之地图,不在悬挂时,那末可以横放在地图架上,为经济计,可置备如图十二之架。

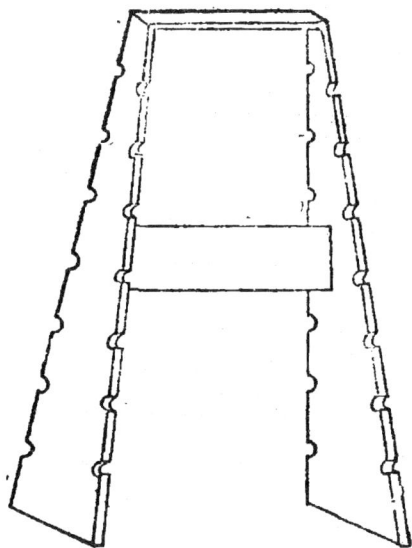

图十二　地图架

呎吋——上顶宽二呎,下脚宽四呎,高五呎半,中间横以一木,以支直立。两边之板,上狭下宽,自三吋渐大至一呎半。

材料——以坚质之木料为宜。

颜色——与馆内其他用具同。

容量——若每五吋为一节,则可放地图十幅。

价值——至多四五元。

9.目录柜——民众圕采用开架式办理,若再用活叶目录,则卡片目录,似乎不需要,但一份书架目录片及书名目录片为管理者自用,在所必需,故目录柜之式样如何,不可不知。

式样——有单个,两联四联六联,或合数十只抽屉而成大柜者。

用途——存放卡片目录用。

呎吋——今将每抽屉之呎吋说明,即可推知其外部。每抽屉之呎吋,为——内高三吋半,内阔五又四分之一吋,两边高二吋,深十四吋。

容量——每抽屉约可藏卡片一千二百张。

其他——材料最低须用洋松。淡黄色,六联抽屉的,每只约五元。

式样如图十三、图十四。

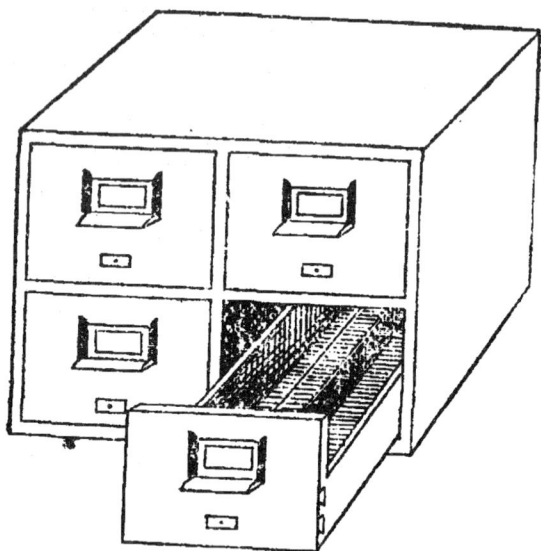

图十三　目录柜

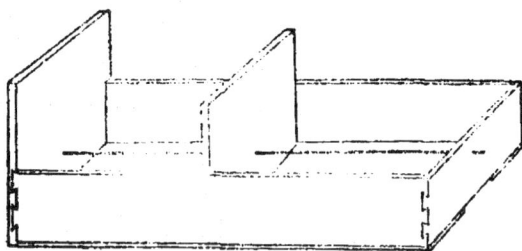

图十四　目录抽屉

10.儿童阅览室之书架桌椅——因要合儿童之适用,故儿童阅览室之用具——书架,桌,椅,亦略述之。

A.书架——最经济,最便利,最省地位,而亦甚美观者,莫如壁架。

装置——最下层离地面至少一呎,每隔四吋一层,最多装置六层,式样为斜面,斜度可二十或二十余度,层板外边钉一细木条,防止陈列之书坠地。

呎吋——长可视阅览室四壁之长短而定,宽自十吋至一呎。

材料——因将书籍平置,故无须很厚之材料,每层有半吋厚之板已可矣。惟必须光且平。

价值——视其长短而定。

B. 书桌——儿童之阅书桌,可与成人用的同。惟其高为二呎二吋,长为三呎,宽为二呎。每桌四围可坐六人,以硬木制,每只连揩油漆,约大洋五六元。如采用圆形亦可。

C. 阅书椅——式样可与成人所用之椅同,惟高为十四吋,深为十一吋半,阔为十二吋半,背高为十二吋,以硬木质料制,每只约一元二三角。

11 巡回用具——民众圕对于图书巡回流通之工作,十分重要,所以此项用具,务须备置。惜至今尚无一定式样和标准,有用车的,有用箱的,有用担的,有用牌的,当然各馆须按其经济状况,当地交通情形,及巡回方法,而制最适宜之用具。兹作数图列后,以便因宜采用,其价值约自一元至十余元不等。

A. 玻璃橱——高一呎六吋,深一呎,宽一呎,上层放书,占高一呎,可容书二三十册,装玻璃门二扇。下层六吋,可装抽屉两只或一只,存放零星物件簿册表格用。顶上可装手提环一,玻璃上可写明"某某民众圕某某巡回书库"等字样。每只洋松料制约一二元。

B. 书箱——高二呎,深一呎,宽一呎半,内分两层藏书用,装一向上抽之板门,板面可写"某某民众圕某某流动书库"等字样,每只洋松装制约二元余。

C. 手提箱——高一呎,深一呎,宽一呎六吋,前面装玻璃可便

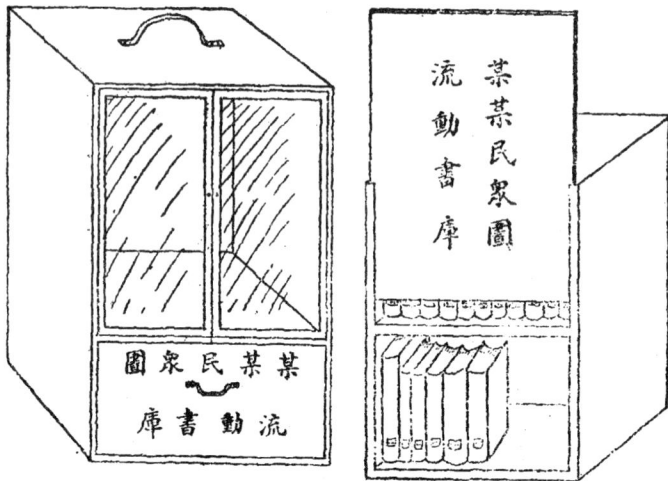

（A）玻璃橱　　　　　　（B）书箱

（C）手提箱

于看清内藏之书。上装一盖,盖顶装手提环,若利用火油箱改制之,为最经济之办法也。

D. 书式牌——常见街坊巷口,贩卖小书者,其藏书之器具为两块四面有边,中间有格之板,将书插入格内,竖置向左右开时,则各书之封面皆本本入目,闭时好像一门,其质料很轻,移动亦甚便利,我们极可取法,用之于流动书库。

E. 流动书车——有二轮,三轮,四轮的,藏书之架,可制两斜面式的或轿式的。材料以木制的太笨重,白铁或藤条来制,较为轻便,其大小,如附图。

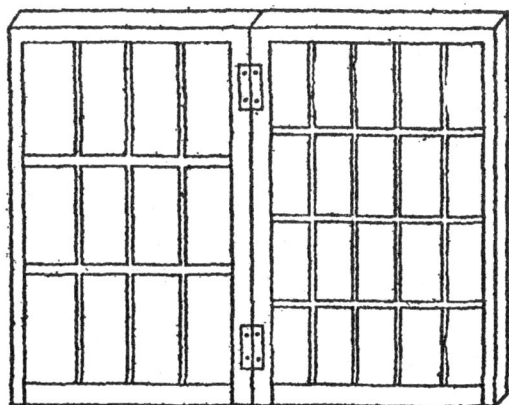

（D） 书式牌

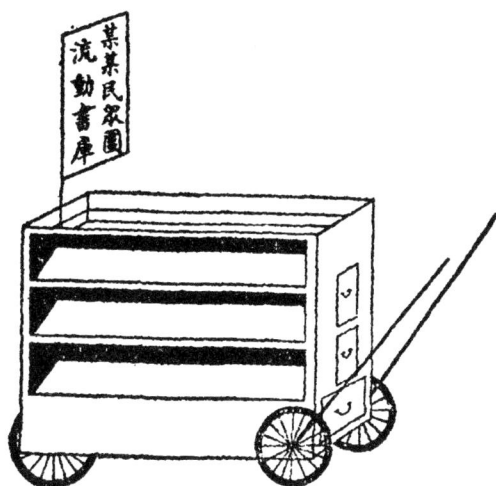

（E） 流动书车

他若办公桌,文件柜,布告牌,挂图架等,均与其他机关所用者,大同小异,兹不赘述。

乙、用品——圕之专门用品,种类繁多,今将民众圕所必需用的用品,开列于后:

1. 目录卡——分有格无格两种,有格的编中文书目录用,无格的编西文书目录,用打字机打字者用之,片之大小为 $3'' \times 5''$。每百约四五角。式样如图:

有格目录卡

	◯	

无格目录卡

	◯	

2. 杂志登记卡——分月刊, 日刊, 及不定期刊三种。登记杂志刊物之收入, 以便检查核对用。大小均为 $3'' \times 5''$, 每百约四五角。式样如图:

月刊登记卡正面式

年	卷	一月	二月	三月	四月	五月	六月	七月	八月	九月	十月	十一月	十二月	备 注

编辑者	◯	发行者	
编辑处		发行处	

月刊登记卡反面式

价目:每册　　　半年　　　全年

年	订阅期	终止期	订费	订单号	定阅处	备注

◯

日刊登记卡

不定期刊登记卡

3. 书卡——每书一张插在书袋内,以为借书之用。大者其大小为$3'' \times 5''$,每百约六角。小者其大小为$2'' \times 4''$,每百约四角。

4. 书袋——贴在每书之里封面内,装置书卡之用。式样不一,以斜角式为最合用,用棕色或黄色牛皮纸印之,每百约三四角。式样如图,书片上所载明各件均可按书照填。

某某民众圖

总登号 ------------ 索书号 ------------

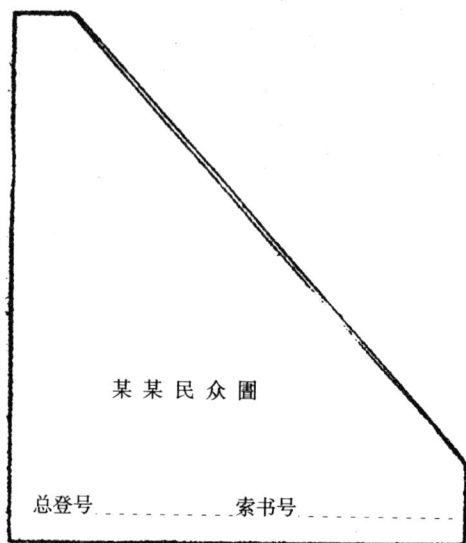

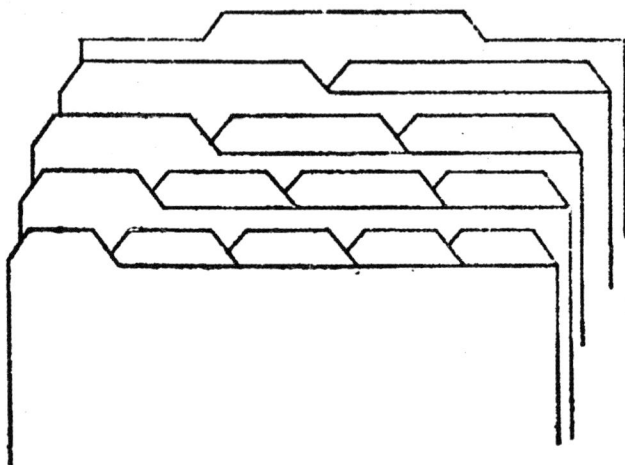

各开式指引卡

5. 指引卡——有二开式,三开式,五开式不等。其大小为 $3\frac{1}{2}''\times 5''$,插在卡片目录中。在凸出之标头上,标明标题或号码之次序,以便检查,每百约一元。其用法见第七章中之图。其式样如下图。

6. 外书标——有圆式,腰圆式,八角式数种。在此标上,可书写某书之书码,贴在书脊上,以表明各书之类属及其位置,并藉以便利排架。式样如附图。

7. 里书标——里书标是表明该书为某馆之所有权,贴在里封面内,使人一见,即可知此书是属于那个圊的。其图案可由各馆自定,制成锌版,随时付印。

8. 参考书标——可将此标,贴在普通参考书之顶端,以示不出借之意。附图式。

9. 期限条——将此条之头端,贴在书之末页天头上。当此书每次出借时,即盖以于何时出借,或盖以应于何时归还之日期印。大小为 $5''\times 3''$,每百价约二三角。

外书标

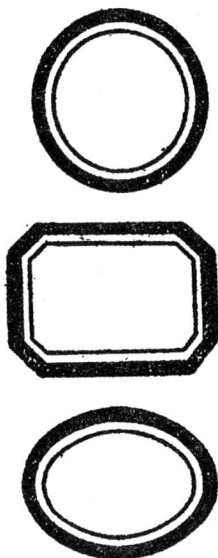

参考书标

10. 借书证——民众圊核准某人可以有借出图书阅览权时,即发以一借书证,此人以后每次借书,即凭此证,不另用借书券。其大小为 $5''\times 3''$,每百约六角,若将借书证按对象分,则证可用各式纸印,或白纸用各种不同颜色来印字,兹列样式于下。

某某民众圕
借书证

姓名＿＿＿＿＿年龄＿＿＿＿＿性别＿＿＿＿＿　　　正

籍贯＿＿＿＿＿职业＿＿＿＿＿电话＿＿＿＿＿

住址＿＿＿＿＿＿＿＿＿＿＿＿＿＿＿＿＿＿＿　　　面

＿＿＿＿＿＿＿＿＿＿＿＿＿＿＿＿＿＿＿＿＿＿

领证注册号数＿＿＿＿＿＿＿＿＿

须　　　　　知

（一）凭证借书每次限　　　单位

（二）借期以一星期为限每逾期一日停止借阅权一日

（三）爱护所借之书幸勿批点摺卷或遗失

（四）遗失补证纳银二角

（五）本证用完后持来换取新证

民国　　　　年　　　　月　　　　日发给

馆长＿＿＿＿＿＿

反面充借书券用

姓名＿＿＿＿＿字第＿＿＿＿＿号

书　号	册　数	借　期	还　期
⋮			
⋮			
⋮			
⋮			
⋮			
⋮			
⋮			
⋮			
⋮			
⋮			
⋮			

反

面

92

<table>
<tr><td colspan="4">期　限　表</td></tr>
<tr><td></td><td></td><td></td><td></td></tr>
<tr><td></td><td></td><td></td><td></td></tr>
<tr><td></td><td></td><td></td><td></td></tr>
<tr><td></td><td></td><td></td><td></td></tr>
<tr><td></td><td></td><td></td><td></td></tr>
<tr><td></td><td></td><td></td><td></td></tr>
<tr><td></td><td></td><td></td><td></td></tr>
</table>

11. 图书介绍卡——是由馆分发，请人介绍图书用，大小为 3″ ×5″，如附图。

正　　　面

登记 ACC. NO.	左边请勿填写 PLEASE DON'T WRITE AT THE LEFT	著者 AUTHOR(SURNAME FIRST)
订购 REQ. NO.		书名 TITLE
定期 ORDERED		版次　　册数　　装订　　定价 EDITION VOLS BDG, PRICE
到期 REC'D		版期　　　　发行所 DATE　PUBLISHER
实价 COST		备注 REMARKS
页数 PAGES		○　　RECOMMENDED BY
赠者 DONER		＿＿＿＿＿＿＿介绍
存者 DEP.		
备注 REMARKS		

填　写　方　法

1. 请缮写清楚,字句完全,以免误会。

2. 每书请用一卡。

3. 版次之后,请写明该书系第几版。

4. 不甚著名之发行所,请并填详细地址。

5. 册数后写明该书共有几册,备注内写明该书应购几部。

6. 该书之需要购订之特别原因,即须从速购办否,书到

后须通知原介绍人否,合请注明于备注栏。

12. 小册子及什件盒——一个匮内,各种不能竖立之小册子及单张等,应当分类,分别藏入一种盒内。盒外可书以标题,此盒之材料,可用马粪纸外糊以一层有色纸,大小可分二三种,其式样如 95 页上图。

13. 图书分类编目草稿单——登记图书者,每登一书,即取一单,填以书名及总登号。登记既毕,即将此单夹入书之正封面内,以留供编目者用,详细用法,见第七章。

图书分类编目草稿单	内 容 纲 要
书　名	
总登号	
分类号	
著者号	
标　题	
备　注	

此外如排卡盘,卡片盒,硬印,亮油等专门用品,为民众圖所不必需,故从略。至于办公用之文具,在经费不充裕状况之下,选用普通的亦可。

二　簿表——簿册笺条及表格

簿表　民众圖的工作,与其他民众教育机关的工作,虽是大同小异,可是民众圖的专门工作,是为他种机关所没有,于是乎它所用的各种簿表,也有其特殊处了。因此不惮烦赘,将民众圖必须备的种种,举各缩图式如后。

甲、簿册——

1.馆务日记簿

民国	年	月	日星期	天气	温度 上/下午		记者	
办公者	大事纪略			各项统计	借书	人	收入	图书　册	备注
					阅书	人		报纸　种	
					阅报	人		文件　件	
					谈话	人		定阅杂志　种	
					代笔	人		赠阅刊物　种	
					询问				
					听讲	人	发出	文件　件	
					集会	人		刊物　种	
缺席者					上课	人		宣传品　种	
					参观	人		配书单　张	
								通知单　张	

2.固定巡回书库处日记簿

民国　　年　　月　　日星期　　　　天气　　　　记者

工作纪要	事别＼人别统计别	时别	农	工	商	学	兵	儿童	妇女	其他	总计	备注
	阅书	上午 下午										
	阅报	上午 下午										
	借书	上午 下午										
	问事	上午 下午										
	其他	上午 下午										

出借各类图书统计	革命文库	册	医药	册	字典	册
	农业	册	卫生	册	历史	册
	工艺	册	家政	册	地理	册
	商业	册	美术	册	社会问题	册
	教育	册	传记	册	自然科学	册
	尺牍	册	算学	册	杂志	册
	小说	册	宗教	册	类书	册
	戏曲	册	政治	册	儿童读物	册
	诗歌	册	法律	册	书库书	册
	文章	册	军事	册	报纸	张
	出　借　总　数					册

3. 流动书库出巡记事簿

民国　　年　　月　　日星期			天气　　　　　　记者		
出巡地点及状况	一(　　　　)	二(　　　　)	三(　　　　)	工作后意见

4. 领借书证人登记簿

第　号	姓　　名	年　龄	性　别	职　业	住　　　　　址	领证日期	备　注

5. 阅览人签名簿

日　　期		姓　　名	性　别	年　龄	职　业	拟看何类书	第几次来馆
月	日						

6.每日出借各类图书统计簿

民国	年		月		日星期		记者	
革命文库	册	小说	册	家政	册	法律	册	自然科学 册
农业	册	戏曲	册	美术	册	军事	册	杂志 册
工艺	册	诗歌	册	传记	册	字典	册	类书 册
商业	册	文章	册	算学	册	历史	册	儿童读物 册
教育	册	医药	册	宗教	册	地理	册	其他 册
尺牍	册	卫生	册	政治	册	社会问题	册	今日总计借出 册

7.民众读书指导记载簿

民国　年　月　日星期　　　　指导员							
读书指导记载簿	姓名		性别		年龄		职业	住址
	书名						著者	
	疑难问题							
	指导经过							
	心得							

8.领借书证人借书考查簿

第号	姓名	年龄	职业	领证期	借书次数												共计
					一月	二月	三月	四月	五月	六月	七月	八月	九月	十月	十一月	十二月	

9. 图书总登簿

某某民众圖图书总登簿						第 册 第 页				
登记号	著者	书　名	册数	价值	出版者	版期	版本	装订	来源	备注

10. 图书分类登记簿——其第一项之总登号,依根据总登簿上之号,不是另行编之。

某某民众圖图书分类登记簿						类第 册 第 页		
总登号	书　名	著　者	册数	价值	出版者	收入期	备注

11. 图书活叶目录簿——其大小可依硬纸面讲义夹(夹之价值约大洋一元)为 $10'' \times 8\frac{1}{2}''$ 每夹可夹纸二百张左右,附缩形图:

100

某某民众圃图书活叶目录

	著　者	书　名	册　数	出版者	价　值	备　注
类〰						
	◯				◯	

12.每日收到赠送刊物登记簿——刊物虽可用卡登记,但要统计每日收到多少,何种刊物,何种机关,时当将刊物寄来,及每月每年收到赠送刊物多少,则非有此簿登记不可。

收到日期	件　名	数量	期号	来　源	备　注
月　日					

13.寄存图书登记簿——将各寄存之图书,均登此簿内,用以查考。发寄书人之收据可另开单举列,由馆长签名盖章,以示负责保管,到期发还寄存之书,寄者当将该单交馆查对。

寄存者	住　址	书　名	著　者	册数	页数	价值	装订	出版者	寄入日	收回日	备　注

14. 壁报存稿簿

民国	年	月	日星期	天气	编者
今日壁报内容					

15. 民众询问代笔存稿簿

请求人		性别		年龄		职业		住址	
请求事项			答问摘要						
			代笔摘要						
民国	年	月	日星期					处理人	

16. 装修图书登记簿

装订第号	总登号	著者	书 名	册数	装修式样	送装日	送还日	价值

乙、笺条——

1.介绍书单——介绍书卡之式样,已见前图。惟民众圖要从省起见,可由自己油印介绍书单。

某某民众圖图书介绍单 民国 年 月 日					介绍人		填
著　者	书　　名	册 数	版 次	出版者	价 值	此项供馆中填 有无到否绝版等

2.定书单——发书单至书局时,当另备书信。

某某民众圖定书单 （第 页）						
著　者	书　　名	数量	版次	装订	定价	备　注

3.图书介绍通告书——可用八行笺油印,笺内有七种情形,用时可将无关之项划去。

某某民众圕用笺

某某先生:	
承介绍之(　　　　　　　　　　)现查该书	
本馆已有在　类其索书号为(　)。已经到馆编入　类其索书号为(　)。	第
已于　　月　　日函配但尚未到馆。　　著者书名出版处未详请再示明。	
经图书选购委员会议决暂缓购置。　接发行处函复现售缺已绝版无法购到。	页
<div align="center">某某民众圕馆长</div>	

中华民国　年　月　日　　　　　　　　　　馆址～～～～

4.购订介绍图书通告书——此种笺纸,其宽可为八行笺之半,信稿亦可油印。

某某民众圕用笺

迳启者承 介绍之(　　　　　　　　等书)项已发函定购俟 到馆后再行奉告此致 　　　先生 <div align="center">某某民众圕启</div>	第 页

中华民国　年　月　日　　　　　　　　　　馆址～～～～

5.购订介绍图书通知书——纸之大小及印法均与上张同。

104

某某民众圕用笺

迳启者前承 介绍之(　　　　　　　　　　　　等书)刻已到馆并已分 类陈架用特奉告此致 　　　　　　先生　　　　　某某民众圕启

第

页

中华民国　年　月　日　　　　　　馆址～～～～～

6. 新到图书揭示单

本馆新到书籍揭示表		民国　年　月　日第　次			
著　者	书　名	册数	书　码	介绍者	备注

7. 请发借书证声请书

领借书证声请书	愿遵守					
	某某民众圕所订借阅图书规则特此声请发给借书证一纸为荷此致					
	某某民众圕　　　　　声请人　　　　签名盖章					
	中华民国　　　年　　　月　　　日具					
	年龄		性别	职业	住址	
	门牌		店号	借书证号数	介绍人	
	备注					

8.阅览人意见条——可由馆油印,悬挂在各阅览室内,便阅者取用。

阅览人意见条	馆长先生： 　　某到　贵馆来阅书看报已有　现在有一些意见写在下面如蒙采纳则非常感激敬颂公安 　　　　　　　　　　阅览人某某某敬启　　　月　　　日		
	意 见	（一） （二） （三）	

9. 取或借阅书库书券

借阅书库图书券

索书号	著　　者	书　　　名	册数	备　　注
民国　　年　　月　　日　　　　阅览者				

10. 催还书条——第二次（即满期日）催时，可将"明日"之"明"字，改为"今"字。

某某先生：
　　下列各书其借出期限至明日将满照章如逾期一日每册每日罚洋　分专此通知希即交还本馆为荷顺颂
台安　　　　　　　某某民众圕启　　年　　月　　日

计　开				
书　码	书　　　名	著　　者	册数	应还日期

11. 征书函——可用八行笺油印或铅印，此函可用以普通征书。如特别征书，当另书写。

106

某某民众圕用笺

敬启者本馆为便利民众阅览起见对于国内图书凡为民众所需者均拟	
罗致以供众览惟本馆财力有限见闻未周不克尽量搜求深引为憾敬悉	第
贵　　所有之出版品内容丰富乃为民众之良好读物恳请	
惠赐　　册无任企盼如蒙源源	
赐寄尤所感祷此致	页
<div align="center">某某民众圕启</div>	

中华民国　　年　月　日　　　　　　馆址〰〰〰

12. 志谢函——用八行笺油印,另开收到书籍表一纸附寄。

某某民众圕用笺

敬启者顷蒙	
惠赠图书具征公德嘉惠民众同深感纫敬当分别列入书目妥为珍藏以	第
供众览而彰盛德专此布达并伸谢悃此致	
<div align="center">某某民众圕谨启</div>	页

中华民国　　年　月　日　　　　　　馆址〰〰〰

13. 定阅杂志函——可用八行笺油印。

某某民众圕用笺

启者兹奉上邮(汇)票计银　　元　　角　　分定阅	
贵　　出版之　　　　　全年　份自第　卷第　　期	
至第　卷第　　期止收款后希即将定单及收据一并　赐寄并希按	第
期照后列地址将该刊寄下为荷此致	
<div align="center">某某民众圕启</div>	页
<div align="right">订阅者</div>	
<div align="right">通讯处</div>	

中华民国　　年　月　日　　　　　　馆址〰〰〰

14. 请补寄定阅杂志函——用八笺油印,但最好是书写。

某某民众圕用笺

迳启者本馆前向	
贵　　所定之　　　　刊物刻查第　　卷第　　期	第
尚未寄到专此函请查照补寄为荷本馆定单号数为　　　此致	
某某民众圕启	
	页

中华民国　　年　　月　　日　　　　　馆址〜〜〜〜

15. 书评单——将此单夹在书之末页,以征求阅者对于此书的批评,一张为一阅者用后,再换夹一张,藉此可知各阅者的程度,兴趣,思想,及此书的评价等。是诚民众圕研究民众阅读兴趣,及民众读物的好方法。

读者	姓名		年龄		性别		职业		填写月日	
	住址									
		读了(　　　　　　　　　　)以后								
内容批评										
外观批评	印刷									
	装订									
	纸张									
	封面									

108

丙、表格——

1.每月借阅图书人数统计表

某某民众圕每月借阅图书人数统计表

日期 月份人数	年一月	二月	三月	四月	五月	六月	七月	八月	九月	十月	十一月	十二月
1												
2												
3												
4												
5												
6												
7												
8												
9												
10												
11												
12												
13												
14												
15												
16												
17												
18												
19												
20												
21												
22												
23												
24												
25												
26												
27												
28												
29												
30												
31												
统计												
备注												

2.每日阅书人数统计表——若民众圖之经济能力,无法雇人专在阅览室门口,管理入室阅书之人,则可将此表制成一大黑板,悬挂在阅览室门口,旁书贴一条"请划√"记号。使来馆阅书之人,自己用粉笔一划,这个法子,在江阴巷实验民众圖试用一年,比较他法,为正确便利。故介绍其式样。

某某民众圖每日阅书人数统计表

时别	农	工	商	学	军警	妇女	儿童	其他
上午								
下午								
晚间								

3.每周各种工作参加人数统计表——可根据馆务日记上所载来统计。

第周 工作	第一周	第二周	第三周	第四周	总计
阅　书					
阅　报					
借　书					
问　字					
代　笔					
听　讲					
流动文库					
上　课					
参　观					
谈　话					
其　他					
总　计					

4. 每日新出版图书杂志等摘录表

件　　名	著或编者	发行处	价　值	备　注

5. 每日或每月借出各类图书统计表,则可参照簿册项中之"每日借阅各类图书簿"式制表。

三　章　则

民众圕的章则,概括之,可别为两大部分:

一、关于行政的——如会议及组织等章则。

二、关于管理的——如图书及阅览等章则。

现在且把民众圕,所必不可缺的种种章则,举例列后。以资因地制宜之参考用。

(1)图书馆设计委员会规程

第一条　本会根据○○○○○之规定组织之

第二条　本会设委员九人○○○等为当然委员外其余七人由○○○聘请之均为无给职

第三条　本会设计之范围如左

　　一、规定民众圕之行政大纲

　　二、设计实施民众圕事业之方法

　　三、计划民众圕事业之发展

　　四、沟通民众圕与社会间之意见

　　五、图谋民众圕基金之增加

　　六、讨论民众圕交议之重要事项

　　七、辅助馆长任免及监督馆员之处事

　　八、研究其他有关民众圕事业之种种问题

第四条　本会常会每半年举行一次临时会议临时举行均由主席委员或其代表召集之

第五条　本会得推定若干委员负责设计某种专门问题

第六条　本会得随时将研究设计之结果送交民众圕采择施行

第七条　本规程自○○○○○○日施行

(2)图书馆规程

第一条　本馆为增进民众知识发扬社会文化起见储集各种图书杂志报章以供民众阅览研究为宗旨

第二条　本馆定名为○○○○民众圕

第三条　本馆经费由○○○规定支拨

第四条　本馆组织系统表如下（见第63页表）

第五条　本馆设馆长一人统理全馆事务由○○○○○委任之

第六条　本馆设馆员若干人由馆长聘定呈报○○○备案

第七条　凡关于馆中进行事务由馆长召集馆务会议议决之

第八条　本馆各部职掌如第四条系统表所列

第九条　本馆各室概不收阅览费

第十条　本馆采用开架式阅览

第十一条　本馆借阅图书凭信用担保不取证物

第十二条　本馆搜藏图书分购置征集二种

一、购置——按照预算随时添置

二、征集——分捐赠寄存交换借钞四项

第十三条　本馆开放时间详阅览室规则

第十四条　本馆各种细则另订之

第十五条　本馆得附设各种民众教育事业

第十六条　本规程由本馆设计委员会议决呈请○○○核准施行

（3）馆务会议简则

第一条　本馆馆务会议由馆长及全体馆员组成之

第二条　会议之事项如左

一、本馆行政方针

二、本馆扩充事项之进行

三、本馆馆务之建议

四、本馆各部提交之事项

五、本馆设计委员交行之事项

六、本馆设备布置事项

七、本馆编辑出版事项

八、其他本馆之重要事项

第三条　每月开常会一次由馆长召集馆长因事缺席时得指定馆员一人为代表

第四条　遇有重要事项得开临时会议由馆长临时召集之

第五条　本简则由○○○○○通过日施行

（4）职员办事细则

第一章　通则

一、各职员当本服务民众教育事业之精神处理职务

二、各职员须按照规定时间出席办公

三、各职员到馆时须签名于签名簿上

四、各部当互助工作

五、各部遇有主要事项得商承馆长核夺办理

六、各职员对馆务如有兴革意见可提交馆务会议讨论之

七、各职员对于阅览人及参观人当负指导及说明之责

八、各职员当出席馆务会议及纪念周等集会

九、各职员如因事请假须函致馆长若在三日以上得商请馆长同意其职务须请人代理

十、各职员每周轮值休息一天

第二章　馆长

馆长综理全馆事务其细则如后

一、延聘职员稽查勤惰

二、规划馆务拟订预算

三、擘画内部设备

四、接洽对外事宜

第三章　图书部

图书部掌图书之专门工务

114

一、选购图书杂志

二、搜集刊物册子

三、图书之查对盖章登记分类编目写卡排列搜藏整理调查等事项

四、关于其他分类编目上之一切附属手续

五、本部其他一切事项

　　第四章　指导部

指导部掌教学及刊行等事项

一、刊行书报介绍单

二、刊行民众必读书目单

三、研究并答复阅览人之询问

四、代不识字者写信等事

五、举行演讲会

六、指导使用目录之方法

七、管理阅览室

八、指导并组织读书会

九、本部其他一切事项

　　第五章　推广部

推广部掌推广事宜

一、调查圈附近区域情形

二、接洽流通图书之各种代办处

三、拣择合宜地点装置函借筒

四、商请经理代借人

五、实施流动书库

六、照顾各固定巡回区之设施

七、设施各种纪念陈列及展览会

八、其他民众教育事项

　　第六章　事务部

事务部掌文牍会计庶务统计及一切不属其他各部之事宜

一、编制每日每周每月及每年之各种统计图表

二、撰拟文牍保管案卷收复函件记录会议并协助编辑年报概览等事项

三、出纳款项草拟预算并按月造册报告月结

四、购置器物修缮清洁监察工役处理杂务

五、修理并装订图书杂志报纸及小册子等

六、招待来宾参观

七、一切不属其他各部之琐务

第七章　附则

本细则如有未尽善处得由馆长提出馆务会议修改之

（5）普通阅览室规则

一、入室阅览概不收费惟须遵守本室规则

二、本室开放时间如下：

1. 自一月起至三月止为每日午前九时至十二时午后一时至五时

2. 自四月起至九月止为每日午前八时至十一时午后二时至六时

3. 自十月起至十二月止为每日午前九时至十二时午后一时至五时

（如晚间亦能开放则除四月至九月每晚七时至十时开放其余六个月之每晚开放时间可定为六时半至九时半）

三、本室停止阅览日期如下：(1.2.6.三条最好不实行)

1. 公共机关例假日之后一日

2. 各纪念日之后一日

3. 曝书日（在三伏内以二周为限）

4. 每月点查图书日

5. 每年整理点查图书日

6. 寒假以一周为限

四、阅览人入室请先签名然后得任意在书架上拣取图书阅览阅毕请交管理员收存或存放阅览桌上以便本馆统计图书阅览之用

五、阅览人如欲阅览书库之书请先查目录然后填写取书券取书每次以一种三本为限凡一部在十册以上者当分作两三次借阅大号图书卷轴每次以一幅为限阅毕换取他种图书时须重填写取书券

六、阅览人借阅某种图书如已有人借阅得由馆员声明换阅他种图书

七、阅览人如因事暂出阅览室应将所阅之书交还管理员收存

八、阅览室坐次已满时后至者应暂在他室坐候然后挨次补缺

九、阅览人如遇友访晤应引入会客室谈话

十、阅览人如在图书上任意圈点涂抹折皱加批或污损等情应负照价赔偿之责

十一、请勿随地吐痰高声谈笑吟哦朗诵抛掷废物及吸烟等情

十二、请勿擅自将室内图书携出室外

十三、阅览人如违背本规则时经本馆职员劝告不从者得令出馆

十四、本室图书出借办法另订之

十五、患传染病精神病或疯癫酗酒者不得入室阅览

(6) 报纸阅览室简章

一、本室开放时间为每日午前八时起至午后九时止

二、入室阅览请先签名以便本馆统计

三、室内各种报纸可自由阅览但阅毕时必须放置原处不得擅自携出室外

四、如有涂写撕破等情一经查出阅者当负赔偿之责

五、阅览时不得有随地吐痰吸烟及喧哗等情

六、本室陈列之报纸概不出借

(7) 儿童阅览室简则

一、本室欢迎六岁以上儿童入室阅览

二、本室开放时间为每日午前九时至十二时午后三时至五时半

三、本室停止阅览时间同普通阅览室

四、阅书时勿折纸张勿食糖果勿随地吐痰勿与人争闹

五、凡身衣不洁或罹应避之病者不许入馆

六、勿玩弄室内之装饰品及禁止动手之物件

七、切勿争阅图书

八、本室图书概不出借

九、书阅毕须放还原处

（8）借还图书办法

一、借阅图书不取保证押金

二、阅览人如欲借书须先填声请书然后由馆长签字给借书证一张

三、借书人当遵守借书证上之"须知"各条

四、借书时须将借书证交出纳处收存

五、借书人须签名于所借之书之书片上

六、借书数限期限及遗失赔偿逾期惩罚等均详载于借书证上

七、续借时须将该书带交出纳处盖日期印等手续以一星期为限

八、第一次所借之书未还清时不得再借

九、书还清时本馆亦将借书证发还

十、每届曝书或整理期内停止借阅

十一、遇必要时本馆得向借者收回所借图书

十二、借者务须妥善爱护所借图书

十三、下列各种图书概不出借

1. 善本珍本

2. 普通参考书

118

3. 陈列之杂志报章

4. 在一月以内之新购图书

5. 巨册地图等件

十四、阅览者得向馆员预借已出借之图书

（9）征集图书办法

（甲）捐募

一、本馆得发函请各机关团体学校书局或藏书家著作家捐募图书

二、凡捐助本馆图书者给与收据为凭

三、本馆将捐助图书按期刊印于本馆之馆报上

四、本馆得依捐助图书之多少给以相当之志意

其方法——

1. 呈请政府褒奖

2. 悬挂捐助者肖像

3. 镌姓名于铜版

4. 登报声谢

5. 盖捐助者姓名于书内

（乙）交换

一、本馆得与愿意交换印刷品或定期刊物之机关学校互相寄赠

二、本馆得将所藏之不必需复本与其他需该书者交换

（丙）寄存

一、凡寄存本馆之图书概登录于寄存图书总簿内

二、寄存图书本馆出收据为凭

三、寄存图书至少以半年为限

四、寄存者须盖章于寄存之书内

五、本馆得将寄存之书加贴寄存期限及其他必须贴之标笺

六、寄存者于寄存时须声明书之价值在寄存期内本馆负完全

保管之责

七、寄存者不得先期收回寄存之书

八、寄存期满书主愿续寄者本馆当另制收据

（丁）借钞

一、本馆得向藏书家或其他圕借钞必须备而力不能备之图书

二、借钞时期视字之多少约定期限

三、借钞期内本馆负完全保管之责

（戊）互借

一、本馆得与其他圕互借图书以供阅者之需求

二、互借图书双方均须遵守所订之合议办法

（10）巡回书库简则

一、本书库乃以馆中图书尽量流动使乡镇民众得书阅览为目的

二、本书库为本馆推广部实施圕民众化之一种重要职务

三、本书库办法凡二

（甲）划区制

1.以本馆为中心

2.固定四乡某小学或某公共机关为巡回区

3.请定某小学或某公共机关之热心图书事业者为该区巡回图书主任

4.按序更换图书每半月或每月举行一次每次可更换各区所有图书之三分之一或二分之一

5.概不征收阅览费及借阅保证金

（乙）流动制

1.用装书具

2.随时随地将该书具流动

3.随时将图书更换

4.于巡回时得从事露天演讲挂图识字或其他民众教育事宜

四、某乡某机关若认为该地须设书库者得先函知本馆经本馆调查确实后按法添办巡回书库

五、书库附设在学校者每学期末清理一次附设在某公共机关者于每年终清理一次

六、某机关巡回区之事务员当负保护图书及按本馆所制定之表格编成统计报告

七、某机关或学校负责办理书库成绩优良者本馆酬以奖品表示谢谊

(11)江苏省立教育学院江阴巷实验民众圕读书会会章

一、定名　本会定名为江苏省立教育学院江阴巷实验民众圕读书会

二、宗旨　本会宗旨在使一般民众得不受经济时间之限制而有读书研究之机会藉以增进生活之知识

三、目标

　1.养成读书习惯

　2.研究读书方法

　3.讨论书籍内容

　4.训练写作能力

四、会员　凡识字民众其品性纯洁且有浓厚之读书兴趣不论职业性别年在十六岁以上经本会会员之介绍及本馆馆务会议之审查认为合格者均得为本会会员

五、入会　凡新会员入会时须缴纳入会费大洋贰角本会给予会证一纸即为正式会员

六、职员　本会设总干事庶务文书各一人由大会推选之任期半年连举得连任遇必要时得由总干事请定临时干事若干人协助会务

七、集会　本会每月举行研究会一次每半年开始时举行会员大会一次年终时举行会员读书成绩展览会一次在大会闭幕期内由

三职员会同本馆指导员执行一切会务

八、分部　本会得设妇女商人等分部研究

九、规约　本会会员应切实遵行"会员须知"

十、奖惩　凡会员之热心会务并读书成绩优良者本馆得嘉奖之若有怀抱其他作用行为不良毁坏本会名誉阻碍会务进行或屡次无故违反"会员须知"者本馆得取消其会员资格

十一、会址　无锡江阴巷本馆

十二、附则　本章程如有未尽善处得由本馆修改之

附本馆读书会会员须知

一、工作　本会会员每月须完成下列之读书研究送交本馆考查经指导员之认为及格者于会证上给以"通过"字样惟有特别情形经本馆允可者亦得暂停此项工作

1. 阅书　每月至少三册惟小说只限一册此外可自行选择或由本馆介绍阅后宜将各书大意作成笔记交本馆考查

2. 作文　每月至少作文一篇材料可取自生活记事阅书心得时事感想本馆征文等作成后交本馆考查

3. 研究　出席研究会议并提出研究问题

二、权利　本会会员得享左列各种权利

1. 选举及被选举权

2. 享受本馆出版品权

3. 预约借书权

4. 请求购书权

5. 会务建议权

三、义务　本会会员应尽左列各项义务

1. 劝导亲友来馆阅书并加入本会

2. 出席本馆之各种集会

3. 切实遵行本会会章

（12）某某民众圕儿童读书会会章

一、定名　本会定名为某某民众圖儿童读书会

二、宗旨　本会以引起儿童读书兴味养成自修习惯为宗旨

三、职员　本会设主任一人（由本馆馆员担任）干事若干人由会员互选之

四、会员　凡已识字者年龄在七岁以上十六岁以下不分性别均得报名为会员

五、权利　本会会员不收会费

六、义务　本会会员有介绍兄弟朋友来馆阅书并加入本会为会员之义务

七、公约　本会会员每日须来馆阅书一小时

八、会期　本会每逢星期日开常会一次每月之最后星期日为开大会之期

九、会序　开会秩序大纲如下：

1. 职员报告会务

2. 会员报告读书心得

3. 讲故事

4. 讨论问题

5. 余兴

十、附则　本简章有未尽善处得随时修正之

（13）参观规则

第一条　凡各界人士来馆参观者请先行通知以便接待

第二条　参观人请于参观题名簿上自签姓名以志景仰

第三条　参观人须由本馆职员引导

第四条　参观人在藏书室内欲检视图书可向接待人取阅请勿亲自检取

第五条　参观人愿阅览图书时应照阅览规则办理

第六条　参观人入藏书室内不得吸烟及随意唾涕

第七条　参观人勿携带幼孩仆役及杂物进内

第八条　参观人对于本馆如有意见或面示或函知本馆均极欢
迎

第九条　凡遇本馆停止阅览之日恕不招待

第十条　本规则如有不适用时得随时更正

(14)某某圕协会各馆互借图书规则

第一条　本规则依据本协会简章第○章第○条第○项规定之

第二条　各圕互借图书时除具函盖章外并须由各该馆主任签
名负责

第三条　各圕互借图书之期限及种类由各方自定之

第四条　各圕贵重图书之互借办法由各圕另定之

第五条　各圕互借图书不得任意割裂圈点或涂抹

第六条　各圕所借图书遇有损坏或遗失时借阅图书者须照价
赔偿

第七条　出借图书之圕借出图书认为有收回必要时得随时收
回借阅图书者不得托故抗还

第八条　本规则仅限于协会之各圕适用之

第九条　本规则由大会通过之日施行之

(15)江苏省立教育学院江阴巷实验民众圕读书比赛办法

一、旨趣　藉读书比赛之方法鼓起民众求智之兴趣培养民众
读书之能力

二、种类

　1.写字比赛

　2.作文比赛

　3.阅书比赛

三、办法

　1.写字——写六开字一张每张写字若干个由本馆临时指定

　2.作文——由本馆出题至少须作三百字加以标点文言白话
不拘

124

3.阅读——阅读某短文后照所问答复其内容时间以十分钟为限

四、与赛人　凡本馆施教区内之男女民众均得报名加入比赛

五、年龄　十六岁以上五十岁以下

六、名类　每种二十五名每人可加入二种

七、用品　除纸张由本馆发给外笔砚等件则由各人自备

八、地点　本馆

九、时间　比赛时间于比赛前三日公布

十、奖品　每种选取成绩最优者三名各给予奖品以资鼓励

标语一束

"标语"是几年来为民众所听厌了,看厌了的东西,但用之得当,亦是一种深印民众脑海内的镌刻。对于标语编制,其式样之宜大方,书法之宜正楷,纸张之宜一律,字句之宜简洁,何时何处之宜用何种标语,何事何会之宜用何种标语,均须取得其法,用得其当,然后既不会使人生厌,且能发其功效,民众圕对于如何使人来馆阅读? 如何使人专心阅读? 如何使人了解阅读之利益? 如何使人选读精美之图书? 及对外之宣传招徕方面,对内之阅书阅报各室方面,每月各宜选揭数语,以警惕读者,鼓励读者,兹分馆外馆内两类标语,各拟若干条如后。

(一)馆外　读书运动及招徕阅者用——

1.总理革命不忘读书

2.民众圕是知识的源泉

3.民众圕是学问的宝库

4.民众圕可以增长你的技能

5.民众圕可以提高你的道德

6. 你若要不花一文钱而可得到无限量的知识那末请到圕去

7. 你想研究古今的学术吗请到圕去

8. 你想明了中外的大事吗请到圕去

9. 要读书阅报可以到圕去

10. 民众圕是人人的永久导师

11. 不问男女老幼都可到民众圕去读书

12. 不论春夏秋冬都可到民众圕去读书

（二）馆室　阅览室阅报室儿童阅书室用——

1. 开卷有益

2. 读书明理

3. 读书要有恒心

4. 读书要求甚解

5. 博学之审问之慎思之明辨之笃行之

6. 学问贵细密自修贵勇猛

7. 读书一万卷下笔数千行

8. 道理书尽读事务书多读文章书少读闲杂书休读

9. 天天阅报方知天下大事

10. 好公民每天应该阅报一二小时

11. 贪看图读书比贪吃东西好得多

12. 图书是你们的宝贝玩物

13. 不读书现在不能做一个好儿童将来不能做一个好公民

14. 读书要静要想要记要用

15. 读书要眼到口到手到心到

16. 图书是你们的终身良友

五　结论

　　民众圖事业之设施,果然重要,但如何可使事业设施得完善,则"设备"、"簿表"与"章则"三种,诚不可轻视的。此章不惮烦赘,将此三种,一一详为图示,详为举例,详为述说,其目的乃要供办民众圖之同志们,有所参考耳。总括言之,民众圖设备之原则,要朴实坚固。簿表之原则,要简明适用。章则之原则,要详尽周密。

第六章　民众圖图书之来源

民众圖的馆舍已建筑,设备已购置,规程已订定,馆员已聘请,若没有主要的商品——图书,则此民众圖,还只是一个空虚的轮廓,没有灵魂的实体,仍然不能开张经营,招徕主顾,收事业的效果,达教育的目的。所以民众圖事业活动的主要工具——图书之来源,也是一个极重要的问题,值得加以研究的。

民众圖图书的来源,大概不外乎选购,征求,交换,寄存,捐赠五项。在目前民众圖经费,都是十分的稀少,而在坊间所出版流行的图书,则是汗牛充栋。要在此无字不文,无文不书,无书不风行一时,洛阳纸贵,成千成万的书籍中,用最少的经费,得最合用的图书,以指导阅览,供应社会大众的需求,则民众圖对于图书之选购,征求,交换,寄存,捐赠等,是万不可忽视的。

一　选购

这是目前简易民众圖所发生的一个危险现象,即主事者,对于图书的选购,往往于阅众则不注意,于自身则颇关心,将有限的图书费之十之六七,购置一己自修所要研究的书籍。例此主任是因适应时代潮流,而研究政法经济之学,于是社会科学之书,即多多添备,于民众圖的大多数对象之能不能要阅读研究参考此类图书,

128

则毫不顾及,因之阅者稀少,门庭冷落,所以我们办民众圖的,对于选购图书,决不可站在一己的立场上,而须顾到各方面的。兹将关于选购图书之种种分述之。

甲　图书选择的标准

标准一　从民众圖本身方面着想,换言之,就是站在馆的立场上,来讲图书的选购,如馆之性质,馆之环境,馆之经费等。

1. 馆之性质——民众圖的性质,在第一章内,已经详细说明,概括言之,民众圖是要搜集于最大多数民众,可以利用的图书,管理者藉以指导民众阅览,使民众圖,不仅是成一所读书阅报的机关而已。所以它的目的,是培养健全公民,建立良好社会,递进世界文化。它的事业,除供阅书报外,尚有各种活动,若比赛,展览,陈列等。它的方法,是个别指导,设计教学等。我们选购图书的时候,应当顾到可以达到它的目的,它的事业,它的方法,来做标准才是。

2. 馆之环境——民众圖是在城区内呢? 还是在乡区内呢? 若是在乡区内,那末是在镇集上呢? 还是在村落里呢? 这个城区的主要营业是什么? 这个乡村的主要出产是什么? 某城之人情风土是怎样? 某乡之人情风土是怎样? 以及这个城区内有无其他圖? 或这个乡区内有无其他民众教育机关? 这些都是环境方面所宜注意的问题。若某地为工厂林立的区域,那末对于工厂专门的书籍,最基本的应该备几种? 最需要的应该备多少? 都是应当严加注意的。所以我们选购图书的时候,对于馆内环境,是须先认个清楚。

3. 馆之经费——馆中图书经费,应占全馆总经费之多少,前已开表示明。现在要以有限的经费,购置坊间无数的图书,当然是不可能的。所以一面是要设法合乎本馆所需的图书,都搜集起来;一面也应当量入为出地估计一下,多少经费购多少图书,万不可随意购置。某类书须购若干? 某类中之何种书须先购? 何种书是可以为某类书之代表作而当采购？某类书将要出版的约有几种，而须留一点经费，以为添购之用？这都是选购图书，以馆之经费为标准，所宜注意的问题。

标准二　从阅览者方面着想来选购图书。一个民众圕在任何区域内，环境内，它的对象，终不会单纯的，一律的，其间必有许多不相同的。例程度的高低哩！职业的不同哩！和兴趣的好恶的不同哩！

1. 程度——民众圕所在的乡区内，必有老学究，有新学者，有宣教师，有小学教员，有曾在私塾念过三四年的，有曾在小学毕业的，有识千字课的，有目不识丁的，民众圕既要能供应各种程度的阅者，又要能完全顾及它的主要对象的需要，来选购图书，这确是一桩不容易的事。可是这是摆在民众圕工作人员面前的一件不可不问的工作，所以我们应当郑重处理之。

2. 兴趣——人之阅读兴趣，与其年龄的大小，志趣的愿望，大有关系。到民众圕里来阅书的人，大概最多的年纪是多少？志趣是怎样？管理员应当加以研究。换言之，圕工作人员，对于图书之阅览率，或曰利用率，是应该切实调查统计的。然后依之为选购图书的标准，庶可迎合阅者的兴趣。还有应当注意的一点，就是不能因为阅者皆喜读小说，就此专门购置小说。

3. 职业——普通的人，终以为职米业者，必喜阅关于"米"之书。职银钱业者，必喜阅关于"银钱"之书。但事实不尽然，例无锡江阴巷实验民众圕在商业区域的环境内，来阅书的，大多数是有职业的二三十岁的青年。据调查统计的结果，他们都不喜欢阅读于他们职业有关的书。只是因为一，他们对于自己的职业，已经生厌。二，他们不需要某项更丰富的学问，去应付他们的职业。三，他们以为除了他们的职业外，都是比较有更好的出路。四，他们要得生活的调剂品。五，关于讨论各种职业的书，实在是太少。我们看了这个事实，我们当怎样注意读者的职业，来选购图书呀！

标准三 从图书方面来定选购的标准。从前购书难,现在选书难,现在要选适合民众圈对象口味使生兴趣的书更难。所以民众读物,是为我国目前民众教育方面的一个十分难解决的问题。虽有著作家和出版界,在编印民众读物,或民众文库,可是大多数的读物,不流于太深,即流于太偏,仍不能应社会上一般人的需求。这原是由于著作家,仍蹈闭门造车的弊,所造成的结果。江阴巷实验民众圈开始的时候,先定下的选书原则是:

1. 内容要切实有用。

2. 文字要简洁隽永。

3. 理论要精警明晰。

4. 装订要坚固入时。

5. 价格要低廉合算。

到现在我们经三年来的研究,得到编辑民众读物的条件是:

1. 文字方面——要兴味化,要浅近简括,要善用图画。

2. 材料方面——要近代化,要具体化,要分配适合。——学术方面占百分之五十,技能方面占百分之三十,消遣方面占百分之二十。

3. 排印方面——篇幅最小要报纸三十二开,行到要自右至左直行,字体最好用四号字大的正楷印,句读要用新式标点,很长词句的中间,多加读点更好。

4. 装订方面——封面要简洁美化,每种不分装上下,上中下,或一二三四册为原则,最好每种订成一册。

5. 程度方面——要通俗化。

现在引日本渡边德太郎论良好通俗图书的条件,以资参考。

1. 文体——在同一语言之内,以得多数国民底通畅了解为目的。避免学术语,采用通俗语。

2. 内容——要正确,要有兴味,要得要领。

3. 外表——书的外表,与人的外套一样,都要端整,因为印刷装订都恶劣的图书,大概其内容也多恶劣。所以文体一项,可定书之是否平易通俗,内容外表两项,可定书之是否良好。

再看一看日本田村盛供职大阪市立圕的时候所作《通俗圕底图书选择法》一文,所列的选书底外表标准:

1. 书名之能够直接引起一种好感的,依之,可以看出其内容之大略。

2. 装订以实用为旨,华美装饰,可以不必。同一图书有两种装订,也要慎重判断,不要随意断定说,贱的好。

3. 装订坚固,可以重订者为佳。

4. 书底大小,以四六判,(系将宽二呎六吋长三呎六吋的洋纸裁成三十六叶)与菊判,(系将宽二呎一吋长三呎六吋的洋纸裁成十六叶)为主。在可能范围内,尽量避免小本,缩印本,合缀本。因为袖珍本等的书籍,书价虽低廉,但在保存上,使用上,钉装上,书底品位上,决难见到好的结果。

5. 印刷要鲜明,而无错误。纸张则依图书底性质,内容,保存期间,及阅览者之多寡来选定。

6. 儿童用书,特别要用鲜明的活字,体积不可太大,纸张装订都须坚固。

综上看来,从图书本身方面来定选购的标准,第一是要注意书之内容,第二是要注意书之外表。所谓内容,是指文体要通俗,要浅近;材料要具体,要兴味;思想要纯正,要高尚。所谓外表,是指印刷要鲜明,要无讹;装订要坚固,要精美;纸张要韧实;大小要合度。

所以民众圕选书时,既要看馆之性质,环境和经费;又有看读者的程度,兴趣和职业;更要看书之内容和外表。然后可以不因任意而购置坏乱风俗的图书,妨害治安的图书,违背施政方针的图书,养成厌世思想的图书,以及一切不合民众需要的图书。依之,则以极微少的代价,得至善的读物,供大多数的利用的目的,可因慎选而达到了。

乙　民众圖选购图书的根据

民众圖选择图书之职务,或由馆长负之,或由馆中组织图书选购委员会负之。担任此项职务的人,须要有丰富的学问,经验,常识,判断力,社会指导的精神,完满的人格,普遍的趣味与理解力,继续努力向学的志趣,以及最重要的是能理解圖底利用者或阅览人。然后方可以综合的识见,去判别各方面所介绍或登载的图书的好坏。

馆长或图书选购委员会,对于图书选购的决定除靠自己的识见和智能外,还须博采众见,考核记载,所以他们可以根据下列各条所述,而决定书之取舍。

根据一——介绍

1. 阅者的介绍——来馆阅览之人,他们自己明白自己要看什么书,所以圖里图书的出纳处,可以存放图书介绍单或介绍卡,使阅者想到要介绍图书的时候,即可取而填写。这是一种广泛的从社会各方面去采纳意见,为站在阅者立场上去选书的好方法。但是也要注意到阅者能力的薄弱,学问的肤泛,识见的狭小,趣味的底浅,他们所介绍的图书,不会完全良善而有价值的。

2. 馆员的介绍——圖内的工作人员,尤其是出纳处的馆员,他们天天所直接接近的,全是阅览人,他们可以在阅者找阅图书中,阅者借阅图书中,以及一切询问要什么图书阅览中,去探讨他们的切实需求是什么,然后介绍某种适宜的图书。

3. 请求专家介绍——现在出版物的种类,已经是各式各样都有,而在某类中,关于某问题或某主义,大同小异的书,又是很多。例如哲学一书哩! 有大纲也,原理也,通论也,要旨也,入门也,概论也,ABC 也。若考其内容,则都不外乎叙论哲学的大概。像这样的书,我们当然不必全数购置,只要选购一二本就尽够了。那末这一件事,只可请专门研究哲学者,代为选择那一本是哲学的代表作品。这样经费既可不浪用,而这一二册哲学书的贡献,于阅者亦复广大。

根据二——目录

1. 书局图书目录——书局要推广营业,所以将出版或经售之书,印成目录。大者成册,小者成单,分发各处,一次向其索阅后,他们自会源源寄赠。这种图书目录,只可供参考某著者之某书而已,在购买时,仍须选择的。

2. 圕藏书目录——各圕大概都将他们所搜藏的图书,到相当的时候,必印一册书本目录,分送其他各圕,藉此可以表示该馆藏书的数量和内容,并可以换得其他各馆的书目或出版物。在这种目录内的书,比较是靠得住,因为都经过选择的工夫,我们即可依之来选购为我们所最适用的图书的。

3. 团体选定目录——国内某某学会或某某团体,对于某种学问的图书,经多数人再三的审查,然后编成一种书目。这种目录比普通圕的目录更好,因为圕还含有搜集的性质,不免有泛收滥集之弊。

4. 专家编辑目录——专门家所规定研究某种学问,则当读那几本书。或将关于某种研究之参考书,选辑起来,成为目录。这种目录,选择尤严,自然更好,根据之来选购图书,有百利而无一弊的。

5. 参考目录——这是指作家著成一书后,将其所用的参考书,附列书末之目录,或每章后之参考书目录。这种目录,对于选择某类某项图书时,颇可参考。西洋各国之著作家,都是忠诚地将可资参考,及确已参考过的书目开列。我国作家,虽亦多忠诚,但亦有作家,将未曾参考或不足为文参考用的书,罗列开示。什么西文参考书日文参考书,中文参考书,及所参考之杂志,记了一大批,以耀学问之广博。我们遇到这种情形,就应当调查著者之经历,研究和学问。同时也当将其所列举的书名,著者,审查明白后,方可购置。

根据三——解题　解题比目录更为详尽,在每一种书名后,加上该书的内容,性质,或读法等之说明。

1.出版者解题——书局为广销图书,借此牟利起见,往往在图书目录上,或图书附页上,加了过赞的或吹嘘的解题,这是需要我们用识见去辨别的。

2.圕馆员解题——圕馆员要尽指导之责,则须将每书作一个解题,介绍每书所含的特色和价值,使阅者有所门径,来阅读各书,当然这种解题,会因馆员学问的丰富或浅薄,见解的不同,而有差异。

3.阅览人解题——阅览人对于某书细心研读后,将自己的心得和感想,写成札记或笔录。这种笔记,可以介绍其他阅者的阅读,也是为选购图书可以参考的根据。

4.专家的解题——专家对于某种专门学问的图书,此较有深刻的明了,严格的研究,他们的学术基础,也比较深湛,因此他们所作的解题,是更可供参考。

根据四——其他　若考订书籍的真伪,校勘字句的正误的书史,若批评理论是非的书评,若报章杂志上新书的广告,若书局按期印发的出版界,均可供选择图书的参考用。

民众圕馆长或图书选购委员会,虽可根据上述各点来选购图书,可是终究是间接的,旁证的方法。最好还是依据现本的方法来选购。所谓依据现本的方法,有二种:

1.民众圕馆长或负责购书者,根据了选书的标准,可以直接到书局里去选择。

2.民众圕可以与各书店商订一种预约购订的办法,要他们将每次出版的新书,随时送馆审阅,以决留退。

这两种办法,都是使选者可以直接根据书之内容和外表,来定购买与否。以上二法,都是确实妥当。凡经费很少的民众圕,其附近有书局的,可以将二种方法,兼采并用,若在穷乡僻壤之处,则每半年至少派员赴书局林立的大商埠——上海去一次,平时则可采用第二法来选书。

丙　民众圕选购各类图书的比量

民众圕对于各类图书,应备或应添数量的多少,先要看各类图书需用率的大小,及经费的多少。要定各类图书经费的多少,则先要看各类图书价值的贵贱,和出版的多少。例自然科学方面的书,比较文学类书,每册平均之价值高,出版的数量少,所以要定各类图书的比量,还须根据下列的各条原则去分配。

1. 按民众圕施教区域的不同,而分配各类图书的数量。例民众圕之在城区者,除应备各类图书外,尤须注意尽量去搜集一县的乡贤名著,乡土志等,以为保存并发扬一县的文化用。在乡区里的民众圕,则可以免去这种图书的搜藏,因此他们的分配率,即依之而不同。

2. 按民众圕施教方法的不同,而分配各类图书的数量。例民众圕之在城区者,它负着辅助并供给乡区民众圕的图书之责,或专门注重巡回书库的事业,或实行图书借出的办法。那末无论如何,终不能严守着一册主义,一般用书之需备复本,又为事实所迫着,这样它的各类图书数量的分配,又与简易的民众圕不同。

3. 按民众圕藏书率的不同,而分配各类图书的数量。例专事流通图书的民众圕,它本身没有公开的阅览场所,它只干供应各地借阅图书者的工作。因此它对于基本图书如——辞书,年鉴,年表,地图,典籍,丛书等,为其他有公开阅览室的民众圕所必须备的,它却可以不必全备,此于各类图书的比量上,亦发生了影响而生差别。

以上的三点,是站在圕主观方面而规定。现在再从客观方面,依阅者的兴趣,能力和需要,来说民众圕,是否因为大多数的阅者的兴趣要看小说,就尽量购置小说。是否因为大多数阅者的需要是小说,就尽量购置小说。这是目前民众圕的一个大问题。

一般人对于小说,容易理解,在短时间内,就可捉到一个意义,所以小说,无论对哪一个人,都有引起兴味的能力。因为小说的需要多,所以出版的数量亦多。民众圕是要备小说,这是不成问题,但如何选择小说? 及每藏书百本,小说应占百分之多少? 这是应当加意考虑的。兹将田村盛对于圕应备何种小说,与不应备何种小说的各条,开列于后:

1. 可以备的

A. 文艺史上著名的作品。

B. 著名作家的代表作品。

C. 已得社会定评的作品。

D. 文章流利,内容纯正的作品。

E. 兴味天真的作品。

F. 描写历史事件的作品。

G. 凡精神积极的武侠小说,冒险小说,侦探小说,空想的科学小说等,确实没有恶化成分者,亦可备。

2. 不可备的

A. 主义过激,或偏重宣传的作品。

B. 有害于社会风化的作品。

C. 导人卑野的作品。

D. 残忍不合伦理的作品。

E. 厌世的作品。

F. 无创作价值的作品。

G. 作者人格很多缺陷的作品。

至于小说当占百分之多少,可从小说自身百本中较有价值的百分数,及从普通阅书人可读小说的百分数来规定。通常以百分之十到百分之二十为一个标准。

兹录图书百分比表数则,以资参考。

1.日本山形县立圕中日图书费各科分配表(按千分计)

分 类 科 目	千分比	阅览率	摘 要
神 书 与 宗 教	30	30	
哲 学	40	70	
教 育	30		
文 学	170	200	
语 学	30		
历 史	70	210	
传 记	80		
地 志 与 游 记	60		
政 治 与 行 政	30		
法 律	40		
经 济,财 政,统 计	30		
社 会	25		165
家 政	20		
兵 事	20		
数 学	25		
理 化 与 博 物	30		
医 学	30		170
工 学	25		
农业,商业,工业,交通	60		
美 术	25	40	
杂 艺	20		
总 记 , 杂 书	50	50	
学 徒	30	30	
与山形县有关各图书及山形县人所著各书	30	30	
合 计	1,000	1,000	

138

2. 美国带那氏所定公共圕图书分配表

		百分比
1	一般图书(杂志,汇编,年鉴,其他杂记,总记)	4
2	哲学书	1
3	宗教书	2
4	社会科学类	9
5	语学书	1
6	自然科学类	8
7	实用技术书(工业,医药,产业,兵事等)	6
8	美术书	4
9	文学书	12
10	传记	10
11	历史	13
12	地理,游记	10
13	小说类	20

3. 我国城乡区民众圕图书经费分配表——下表系作者根据现在民众读物之平均价,及一般阅者的借书率而定。城区民众圕类书费占八元,以备购旧籍用。若依每百元可购新版书一百五六十册,及儿童读物五六十册,则民众圕每月购书费有三十元,即每月可添购六七十册,若每月购书费有五十元,则可添购八九十册了。

类　别	城区民众圃		乡区民众圃	
	元　数	可购书数	元　数	可购书数
革命文库	1	5	1	5
农　业	1	3	6	15
工　艺	3	6	4	8
商　业	5	10	1	2
教　育	5	6	4	5
尺　牍	4	12	5	14
小　说	8	20	10	25
戏　曲	2	5	2	5
诗　歌	2	5	2	5
文　章	5	10	4	8
医　药	3	6	5	9
卫　生	4	8	5	12
家　政	1	2	2	5
美　术	2	3	2	3
传　记	7	20	6	18
算　学	2	3	2	3
宗　教	1	2	1	2
政　治	3	5	2	4
法　律	2	4	2	4
军　事	1	3	1	3
字　典	5	1	5	1
历　史	5	10	6	12
地　理	5	10	6	12
社会问题	4	8	2	5
自然科学	5	6	5	6
类　书	8	16	3	5
儿童读物	6	60	6	60

丁　儿童图书之选购问题

民众圕之主要对象,当然是一般成人,可是在每个地方,儿童一定是很多,且一定是喜欢热闹,也要到圕里来看书,所以我们办民众圕的,当辟一阅览室,供儿童用。再进一步讲,今之儿童,即未来之成人,要使未来的成人,都有阅读的浓厚兴趣,那只有在他们儿童时代,去培养这种良好习惯。民众圕既有辟儿童阅览室的必要,那末对于图书选购方面,当注意的是:

1. 书之外表　儿童读物的外表,要选形色精美,装钉牢固,纸张坚韧,字体方大的。

2. 书之内容　儿童读物的内容,要选图画鲜明,语文生动,思想高尚,描写合理的。

3. 图画　爱好图画,实为儿童的一种特性。所以凡有艺术价值的,趣味深厚的,上品滑稽的,顺序连幅的,色彩分明的图画,都当尽量搜集。

4. 文艺　使儿童阅读的目的,无非是要开拓儿童的想像能力,及启发智门,增进愉快,感觉正义,崇尚大我,这许多要素,著作家往往写在小说物语内,所以儿童读物,都选购文艺的亦无妨。

5. 儿童图书经费百分比表

类别	故事	童话	诗歌	笑话	剧本	图画	游戏	小说	游记	谜语	神话	尺牍	寓言	童谣	识字	常识	手工	公民	理科	传记	作文	演说	日记	其他
百分比	4	4	2	2	2	6	2	10	10	2	2	4	2	2	2	4	5	5	5	10	3	2	2	8

戊　旧籍鉴别法

或曰,民众圕不需要旧籍的。诚然,可是民众圕之在城区者,保藏一县之乡贤遗著,亦为其主要事业之一,更因为目前的县立民众圃,大都还是旧籍多于新书,所以对于旧籍之鉴别法,亦当略知一二。鉴别之法可从书之版本着手,因书之版本,不仅表明其刊印年代而已,且涉及书之内容与其价值。吾国旧籍,素无版权,任人翻印,校雠刻刷,各有等差,故鉴选版本,以别书之真伪,实为至要。兹就其名称相近,性质相属者,分类列举之。

1. 写本——钞本　有旧写本,(旧钞本)景写本,写定本,稿本,(手稿本)乌丝栏钞本(朱丝栏钞本)等。

2. 拓本　有初拓本,朱拓本,墨拓本等。

3. 刻本

A. 以朝代分者——有宋本,元本,明本等。

B. 以板刻名者——有垫本(刊本刻本),原刊本(原刻本),旧刊本(旧刻本),精刻本,写刻本,翻刻本(覆宋本)(覆元本),通行本,修补本,活字本,聚珍本,朝鲜活字本,配本,百衲本等。

C. 以刻版处所名者——有官刻本,家刻本(家塾本)(书塾本),监本,经厂本,殿本,内府本,局本,坊刻本,蜀本,闽本(麻沙本),高丽本,日本刻本等,

D. 以印刷方法名者——有初印本,后印本,朱印本,(蓝印本)朱墨本,套印本,景印本,石印本(三色石印本),铅印本(排印本),珂罗版印本(玻璃版印本),铜版印本等。

E. 以印行情形名者——有单行本,别行本,抽印本,附刻本,普及本等。

F. 以字体之形式名者——有大字本,小字本,仿字本(聚珍仿宋本)等。

G. 以装钉形状名者——有合订本,毛装本等。

H. 以版匡形式名者——有巾箱本,袖珍本等。

I. 以书籍之内容名者——有校本,节本,批点本,评本,注本,残本,孤本,标点本,增订本,订正本,进呈本(经进本),书帕本等。

J. 以价值分者——有善本,通行本等。

书籍愈贵,作假愈多,所以欲识别版本之真伪,当参看藏书家书目,以研究书之刻刷,纸料,颜色等。

己 图书购订的手续

民众圕平时购订图书的手续:

1.分发图书介绍卡,或介绍单。(卡式见 93 页,单式见 103 页)

2.按期汇收各卡或单。

3.查介绍卡或介绍单上之各项——如某书已为馆中所有,则即将该卡取出,或从单上将该书钞出。如卡或单上有开列不明者,即须在各书局目录上,查明补填或改正之。介绍各书之总价值约若干,是否超出预算。介绍各书与各类图书之百分比之规定是如何?

4.将各卡或单并连同本年度购置各类图书经费之百分比表,送交馆长或图书选购委员会。(第二次购书时须将各类图书经费已用去若干元,及存余若干元注明)

5.按照经费预算,及每年购书次数,(民众圕最好一月添购图书一次)分别急缓,按期添购。

6.将暂缓购买的,不通过购买的各卡取出,或由单上钞出,分别存放。并通知各原介绍人。已有的亦可于此时通知。

7.将委员会签准可购之书,照出版处,分别填写定书单三份。一份存馆,一份发出,一份存会计处。

8.将定书单一份,(须经馆长签字)连同各书局之圕购书优待券,分寄各书局。若托本地书局代办,则免寄各优待券(优待券可由馆备函连同馆之章程等,寄各书局之总务处索取,用券之详细办法,券上均有说明)

9.钞定单时,即在介绍卡上,或介绍单上,注明应填各项。

10.定单发出后,将各决购之介绍书之卡,和前次已订未到之卡,混合依著者姓名排列。

11.将决购之书,分别通知各介绍人。

所定之书寄到后,就干"收受"的工作,其手续为:

1.照发票对书,是否无讹。

2.照书对定单,逐一签收。

3.在已到的书之介绍卡,或在介绍单上,注明该书收到日期,及实价等项。

4.点查各书,如有损污或缺页者,应即退回书局。

5.查明书价,若无错误,由馆长签字于发票上,即送会计处付款。

6.在书之封面里页右角上,用铅笔注明收到日期,以便将来钞入里书标上。

7.函发行所,声明来书已收到。

8.注明未到各书的原因,在未到各书的介绍单上。

9.通知已到各书及未到各书之介绍人。

10.盖章——圈的图书"收受"点查无缺页或错误后,即须盖以馆章,以示所有权,每书须盖章之处为:

A 自右至左直行之书,盖在正文页的右下角上,自左至右横行之书,则盖在正文页的左角上。

B 最末一页的角上或脚下。

C 在指定的一页上。例如无锡江阴巷实验民众圕,是民国十九年四月十一日开幕的,即规定每书的第四十一页上,盖一馆章。凡是一百四十一,二百四十一,亦均盖馆章。凡不到四十一页的书,则在正文上盖一章亦够了。

D 每张图画的后面,每张统计表格的下脚,都须盖章以免被人撕去。

E 封面上可以不盖章,因为封面的式样不同,不能划一标准。如一定要盖,则可在中下部,以不妨碍图或字之处。

F 送登记处。

登记　图书登记,有以册为单位,有以部为单位,比较起来,还以部为单位的好。惟大部的丛书,则以各书分登。登记可随手取登,顺次连续下去。登记的利益是:

1. 可检查各书到馆之先后。

2. 可知某月某日止,馆内共有若干卷册书。

3. 可明白各书之来源及总价值。

4. 可统计各时期内所进书和价之实数。

兹述登记之手续于下:

1. 每书依次给予一个总登号数,登记在图书总登簿内。

2. 将号数随手写在底封里面的左或右上角上,(依书之直行或横行而别)约距顶半时处。并将此号,记在图书分类草稿单上。(见 95 页)随手将单夹在书之正文第一页内。

3. 详细登录登记簿上所有其他之各项。

4. 注明赠送,缺页,改装等于备注内。

5. 凡一部书为数册,而可分列单独出借者,其登记号为一个。其写法如例:《辞源》凡上下两册,则第一册之末页上,可写(设总登号为九十六)九六/一(96/1,或九六二/一(962/1)。第二册之末页上,则可写九六/二(96/2)或九六二/二(962/2)。西书则可写 V_1. V_2. 等字样。

6. 凡书为二人或二人以上合著合译者,则以第一人为著或译者,惟须加"等"字样。

7. 译本当以原著者为著者,但译者之名,亦须登入。

8. 若书无著者,而为某部,某社,某学校,或某书局所编辑者,即以该部或该社为著者。

9. 凡寄存之书,均另登一簿。

10. 书籍如有遗失等情,一经查出,即须于登记簿备注项内注明。

赠阅刊物及定阅报纸杂志之收受登记法。

1. 赠阅刊物——

A 盖章于刊物之封面上半部,左或右角上,(根据书之直行或横行定)及正文第一页上。

B 盖收到日期印于封面下左或右之边际。

C 盖章于图画之后面。

D 登入收到赠阅刊物簿内。

E 登入赠阅刊物卡片或期簿内。

F 交送陈列。

2. 定阅报志——

A 日报收到,须逐张盖章。

B 在日报登记卡或簿上填记号。

C 按月汇订成册。

D 杂志收到,即须盖馆章及收受日期印于封面上,正文第一页上,及图画之后面。

E 登入定阅杂志卡或簿内。

F 交送陈列。

G 杂志满卷,即汇订成册,作每册为一单位,登记于总登簿内。

3. 小册杂件——

A 小册盖章之处,与图书同。杂件盖印之处,与杂志同。

B 另用登记簿登记亦可。

若遇有急需参考的书,不能经过种种例行的手续,或等到每月购书之期再添购,则可在不超出预算内,由馆长审查,缮具定单,随时发配亦可。

庚　选购杂志的方法

选购杂志的方法,分为"订购"与"零购"两种。

(一)订购　选定杂志内容之有价值的,定期出版之不中断

的,则直接向出版处订购。日报可向本地代派处订阅。其手续:

1.先查明已有期数。

2.缮写定单,注明起讫期,若系续订,当注明原定单号码。

3.注明杂志登记卡上所应填的各项。

4.日报,季刊,年刊,及不定期的继续刊物,均照此办法。

5.收到杂志,即在卡内注明,如有遗漏,即须去函请补,因以后是最难补到的。

(二)零购 凡往往延期出版的,或出一二期即停出的杂志,不必全年预订,可以逐期零购。手续似乎烦些,代价似乎多些,可是比之因出一二期即停版,而不发还订费的,上算得多。

我们一面要常注意报纸杂志上新刊物的广告,一面也常要注意阅者对于已有杂志的阅览率是如何,而来随时变更选订。

辛 选购发售预约之书,所应注意之点:

1.应先索阅样本,详查其内容之编制,外表的装潢,及大小形色等。

2.调查出版者之目的——如单为赚钱的,或为宣传的。

3.审查编著者的学力和经历。

4.预约期,出书期及价值之计算。

其实书局发售预约书的价值,与圕平时可以优待券购书之特价相仿。例商务印书馆前预约发售的《英汉综合大辞典》,定价为七元,其预约价为五元五角。平时圕以优待券去买,照定价八折计,实洋是五元六角,与五元五角比,其相差数不过一角耳。有许多出版者,不仅为牟利,实为骗钱,先是,大登广告,遍发样本,一经饱囊,即影息无踪。更有预约之书,往往延期出版,如整部之书,络续出版,甚有延至三四年者。所以与其贪稍微便宜而定预约之书,毋宁多化稍微先把图书鉴定一下,然后购买,来得妥当。

二 征求

"征求"是民众圕图书来源之一。各地各界各机关所以愿应征者，一是出版者，用为宣传之作用。一是出版者，藉圕为保存文化的作用。所以送刊赠书，乃是社会利用圕的表示。经费很少的民众圕，不能购置很多的图书，因此必须征求。但征求须有目的，出诸审慎，当选适合我们应用的和需要的去征求。因为无谓的征求，直等于浪费。若是征求来的出版物，置而不用，非但辜负了赠送人的苦心，即于管理上，也极不经济，因要抽一部分时间，去整理那些无人过问的东西。征求的方法凡二：

（一）函索的　用信征求，其书法忌潦草，其言词务须简明。切忌用报纸或毛边纸油印，最好缮写于信笺上，然后收到的人，不视为照例的通函而置诸不理。拟发函之处，宁慎勿滥。（征求信稿见 107 页）

（二）面索的　此乃由圕馆长或代表人，亲向各出版处索捐图书。态度要诚恳，言辞要圆到，不论被索者愿捐与否，我们均须以和颜悦色对之，方不辱为民众捐募知识粮食的代表。果能如是，一次不成，第二次必有所获。

图书刊物，征募到后，务须立刻发谢函。（稿见第 107 页）如此，一则可以使赠者知道他的目的已达，二则可使他们脑中常有某某民众圕的印象。此外当然须照馆内对于赠书办法来办理。

对于征求为馆内所必须全备杂志的缺号办法，是可登征求启事，在馆之出版物上，或另油印，列举杂志之名称，卷期，代价等。如以代价酬征，则其数至多加倍。如以物易，则须注明应征某期杂志，或某数期杂志者，则以某某书偿之。

三　交换

"交换"是圖图书来源之又一流,这也是圖图书流通的一法。以其所有,易其所无,以其所弃,易其所需,就是"交换"的意义。

（一）以其所有易其所无　此乃将本馆的出版物,赠送其他机关,同时请其他机关,亦将出版物赠阅。凡是指定交换的机关和刊物,亦须用卡片登记,以备查考。

（二）以其所弃易其所需　我之弃物,也许为他人的需要物。我的需要物,也许为他人的弃物。所以若将馆内拟消毁之书,或剩余的复本,开列出来,向人家去换我们拟要的图书,斯诚为一举两得的便宜事。

四　寄存

或人愿将他所有之图书,全部或一部分寄存圖,一面供诸同好,一面托馆保管,此项应行手续为:

（一）接洽

（二）审查　审查某人拟寄存之图书,是否合馆中阅者的需要。若是毫无可供应用之书,则须视馆内书库之大小,书架之多少,来决定接受与否。

（三）签订　如经审查下来,该项图书,大部分是可供众阅读或参考者,则双方即签订寄存图书合同。

（四）收受　合同签订后,即收受该批寄存的图书。

五　捐　赠

"捐赠"是指后列三种：

1. 某人愿将他所有之书,检出若干本捐送圕,或将其全部图书捐送圕。

2. 某人自动地购置一大批图书捐赠圕,或购置一部大书(如《万有文库》)捐赠圕。

3. 某人遗嘱愿将其全部图书捐赠圕。

(对于征求,交换,寄存,捐赠等办法,均见第 119 页。)

他若借钞,剪裁,裱贴,及本馆的出版物,亦均为图书的来源,惟其供量,较为少小耳。

第七章　民众圕图书之分类编目法

民众圕若要使管理者捷于答问,某书为本馆所有无;使阅览者便于检查,某书其位置之所在;则图书的分类编目,是为一桩极重要的工作了。盖图书果能有类分其异同,从目编其先后,于是科学,文艺,农业,工艺,中籍,西书,古本,今册,都能物以类聚,有条不紊,既可供按图索骥,即目求书,复可将宝藏启牖,采掘黄金。如是所藏的书,都尽其利;所来的人,均餍其求。民众圕设立的主要目的,亦可依之而达。所以圕的人员,对于图书分类编目的工作,皆认为首要而未敢稍微忽视者,意即在此。今请分论分类与编目两事。

一　图书分类问题

意义　图书分类,贵在通变,能斟酌其类例,切合于事实,所谓辨别异同,综核名实,组织系统,应付实用,是图书分类的意义。蓓根(Bacon)谓"分类法者,乃艺术而非科学"。诚哉斯言!

利益　圕所藏图书卷帙,汗牛充栋,苟不分类罗列,同其所同,异其所异,则必难于检阅,无以致用。所以图书分类得宜,对于阅者和管者,均有莫大的便利。

（一）对于阅览者的便利

1. 使阅读者，可免询问之烦，而按其需要，于应属之类检查之。

2. 使阅读者，在同时可得互相有关足供研究某问题之书籍。

（二）对于管理者的便利

1. 使管理者，便于记忆，易于稽查。

2. 使管理者，于图书出纳上，增减上，均有一定之法可循。

3. 使管理者，熟识类别的纲目，明了各书的梗概，便于指导阅览上，得以应付裕如。

沿革　我国图书分类，自刘氏父子之《别录》，《七略》，迄张之洞氏之《书目答问》，大别之为两大派。一曰班志派，源于《别录》，《七略》，而伸分类体例。其后有王俭《七志》，阮孝绪《七录》，王尧臣《崇文总目》，郑樵《艺文略》，尤袤《遂初堂书目》，祁承爜《澹生堂书目》，孙星衍《祠堂书目》，章学诚《和州志》等。一曰隋志派，流于《书目答问》，而终四部命运，其流有唐，宋，元，明诸史，及明清两朝之《艺文目》，尤以清钦定之《四库全书》为特色。迨自中西交通以来，学术之领域扩充，书籍之应用繁数，旧有部类，多不适用，于是我国圕学专家，即相继或改编，或创制各种图书分类法。如沈祖荣氏之《仿杜威书目十分法》，杜定友氏之《世界图书分类法》，洪有丰氏之《新旧图书分类法》，刘国钧氏之《中文图书分类法》，及王云五氏之《中外图书统一分类法》等。此种种之图书分类法，当然各有其特长之处，但要用之于民众圕——范围之最大，以县立为极，对象的程度，以一般为准，搜藏供览的图书，以通俗为主体，则不免有不相称合之处。这是因为这许多现成的图书分类法虽脱去"七四"之弊，但踏入"十大"之窠。类必十大，号必12……所谓整个西洋化的方法，使我国一般程度较差的民众应用，确乎很难。那末民众圕的图书，应当用哪一种分类法来分类呢？

现在民众圖所要用的图书分类法,应合乎下列三个标准。

1. "类名"的采用,应该根据民众于"学问名称上"之"直知直觉"而名。

2. "类次"的先后,应当根据民众于"需求应用上"之"孰急孰缓"而序。

3. "类号"的标记,应当根据民众于"检查图书上"之"即求即得"而定。

一般民众的程度低浅,他们于学术的源流不明,于各种科学的包容是不知,所以"类名"用"社会科学",他们不会明白这门科学,是包括政治,经济,理财,法律,社会,军事等项的。"类名"用"应用科学",他们不会明白医药,工程,农业,商业,制造,家政等项,是属于这门的。所以应当根据他们平常所习用各学问的名词,略加改正,来名各类,则于他们检查上,必定会比较便利的。

大多数没有受过高等教育的人,他们怎么会知道"因为世界上先有宇宙,然后有人类,有人类,便要教育,有教育,人类才能合群,有了合群的社会,才得安居乐业,享受乐趣,鉴赏艺术,然后……于是序列类名,曰哲理科学,教育科学,社会科学,艺术,以至历史地理"。故须根据民众在学问实用上的多少,来序列类次,才合民众的胃口,才是适当的办法。

这真是一件只顾自己,不顾阅众的事了。将1,2,3……来代表各类的名称,且说叫人看见书上有300,就叫人知道是"社会科学",书上有330,叫人知道是"经济学",有333,叫人知道是"上地"的书。这种以亚拉伯数字来代表的方法,老实说,就是大中学校里有知识的学生,若没有猎涉过关于圖学的书,他们也不会知道中国小说是827,法国小说是847的。那末,遑论程度低浅的民众呢?所以现在必须根据使民众一目了然的直接方法,来代表各类的书,才能叫民众见小说是知道小说,见商业是知道商业。

因为现有之法,皆不能适用,而标准之法,又未见问世,但民众

圗则日见创设,为救急计,为合用计,本研究所及,实验所得,根据
上列的三条标准,创制一《民众圗图书分类法》于后。

(甲)类次

第一类	革命文库	第二类	农业
第三类	工艺	第四类	商业
第五类	教育	第六类	尺牍
第七类	小说	第八类	戏曲
第九类	诗歌	第十类	文艺
第十一类	医药	第十二类	卫生
第十三类	家政	第十四类	美术
第十五类	传记	第十六类	算学
第十七类	宗教	第十八类	政治
第十九类	法律	第二十类	军事
第廿一类	字典	第廿二类	历史
第廿三类	地理	第廿四类	社会问题
第廿五类	自然科学	第廿六类	杂志
第廿七类	类书	第廿八类	儿童读物

(乙)总表

第一类——革命文库

革〇	总记	革一	党	革二	主义
革三	言论	革四	政策	革五	团体
革六	烈士	革七	纪念	革八	革命运动
革九	史				

第二类——农业

农〇	总记	农一	病虫害	农二	种植
农三	作物	农四	蚕蜂	农五	牧畜

154

| 农六 | 园艺 | 农七 | 森林 | 农八 | 渔猎 |
| 农九 | 垦殖 | 农十 | 土地 | 农十一 | 农具 |

第三类——工艺

工〇	总记	工一	日用工艺	工二	陶瓷工艺
工三	纺织工艺	工四	编织工艺	工五	皮革工艺
工六	金属工艺	工七	建筑工程	工八	机械工程
工九	水电工程	工十	其他工业		

第四类——商业

商〇	总记	商一	组织	商二	管理
商三	销售	商四	广告	商五	技能
商六	金融	商七	运输	商八	贸易
商九	税则	商十	商品		

第五类——教育

教〇	总记	教一	幼稚教育	教二	初等教育
教三	中等教育	教四	高等教育	教五	职业教育
教六	社会教育	教七	家庭教育	教八	教学法
教九	教育行政				

第六类——尺牍

尺〇	总记	尺一	商业尺牍	尺二	工人尺牍
尺三	农民尺牍	尺四	妇女尺牍	尺五	学生尺牍
尺六	应用文件	尺七	名人尺牍	尺八	公牍
尺九	普通尺牍				

第七类——小说

小〇	总记	小一	教育小说	小二	侠义小说
小三	侦探小说	小四	神怪小说	小五	滑稽小说
小六	写情小说	小七	冒险小说	小八	笔记小说
小九	社会小说	小十	历史小说	小十一	寓言小说
小十二	科学小说				

第八类——戏曲

| 戏〇 | 总记 | 戏一 | 平剧 | 戏二 | 话剧 |

戏三	影戏	戏四	歌剧	戏五	昆曲
戏六	大鼓	戏七	秦腔	戏八	弹词
戏九	杂剧	戏十	曲谱		

九类——诗歌

诗〇	总记	诗一	诗集	诗二	歌集
诗三	白话诗	诗四	歌谣	诗五	词
诗六	赋	诗七	话考	诗八	韵谱
诗九	谜语				

第十类——文章

文〇	总记	文一	别集	文二	总集
文三	论文	文四	演讲集	文五	小品
文六	随笔	文七	日记	文八	笔记
文九	杂著				

第十一类——医药

医〇	总记	医一	生理及解剖	医二	药物及处方
医三	外科	医四	内科	医五	妇科
医六	儿科	医七	伤科	医八	口鼻耳眼科
医九	看护术	医十	花柳皮肤科		

第十二类——卫生

卫〇	总记	卫一	个人卫生	卫二	家庭卫生
卫三	学校卫生	卫四	城市卫生	卫五	职业卫生
卫六	儿童卫生	卫七	传染及防疫	卫八	体育
卫九	其他				

第十三类——家政

家〇	总记	家一	经济	家二	缝纫
家三	布置	家四	烹饪	家五	副业
家六	乳育	家七	交际	家八	其他

第十四类——美术

| 美〇 | 总记 | 美一 | 绘画 | 美二 | 摄影 |
| 美三 | 书法 | 美四 | 刺绣 | 美五 | 装饰 |

美六	乐器	美七	雕刻	美八	印刷
美九	游艺	美十	其他		

第十五类——传记

传〇	总记	传一	哲学家	传二	宗教家
传三	教育家	传四	科学家	传五	技术家
传六	美术家	传七	文学家	传八	军政家
传九	实业家	传十	探险家		

第十六类——算学

算〇	总记	算一	珠算	算二	四则
算三	利息	算四	代数	算五	形学
算六	统计	算七	应用算术	算八	游戏算术
算九	简捷算法				

第十七类——宗教

宗〇	总记	宗一	儒教	宗二	道教
宗三	佛教	宗四	耶教	宗五	回教
宗六	其他				

第十八类——政治

政〇	总记	政一	中央行政	政二	地方行政
政三	立法	政四	地方自治	政五	警政
政六	外交	政七	国际政治	政八	选举考试
政九	移民殖民				

第十九类——法律

法〇	总记	法一	宪法	法二	民法
法三	刑法	法四	国际法	法五	商法
法六	工业法规	法七	违警法	法八	农业法规
法九	其他				

第二十类——军事

军〇	总记	军一	编制	军二	步兵
军三	骑兵	军四	工兵	军五	炮兵
军六	海军	军七	空军	军八	战器

| 军九 | 战术 | 军十 | 军需 | 军十一 | 国防 |

第廿一类——字典

字〇	总记	字一	字典	字二	辞典
字三	国音字典	字四	平民字典	字五	商业字典
字六	学生字典	字七	检字法	字八	人名地名辞典
字九	百科全书	字十	其他各科辞典		

第廿二类——历史

历〇	总记	历一	通史	历二	文化史
历三	发明史	历四	实业史	历五	国耻史
历六	史料	历七	别史	历八	其他

第廿三类——地理

地〇	总记	地一	地图	地二	地方志(省县等)
地三	自然地理	地四	人文地理	地五	经济地理
地六	游记	地七	旅行指南	地八	其他

第廿四类——社会问题

社〇	总记	社一	劳资问题	社二	贫穷问题
社三	农村问题	社四	家庭问题	社五	妇女问题
社六	婚姻问题	社七	犯罪问题	社八	职业问题
社九	人口问题	社十	青年问题	社十一	其他问题

第廿五类——自然科学

自〇	总记	自一	物理	自二	化学
自三	天文	自四	地质	自五	植物
自六	动物	自七	生物	自八	心理
自九	矿物				

第廿六类——杂志

杂〇	普通的	杂一	图画的	杂二	时事的
杂三	民众的	杂四	学生的	杂五	妇女的
杂六	文学的	杂七	科学的	杂八	教育的
杂九	校刊	杂十	各业的		

第廿七类——类书

类〇	图书学	类一	哲学	类二	伦理
类三	论理	类四	经济	类五	语言
类六	丛书年鉴新闻学等			类七	经
类八	史	类九	子	类十	集

第廿八类——儿童读物

儿〇	故事	儿一	童话	儿二	诗歌
儿三	笑话	儿四	剧本	儿五	图画
儿六	游戏	儿七	小说	儿八	游记
儿九	谜话	儿十	神话	儿十一	尺牍
儿十二	寓言	儿十二	童谣	儿十四	识字
儿十五	常识	儿十六	手工	儿十七	公民
儿十八	理科	儿十九	传记	儿二十	作文
儿二十一	演说	儿二十二	日记	儿二十三	杂志

助记表

│	万国	‖	中国	‖│	日本
ㄨ	英国	𝟪	法国	ユ	德国
ᅩ	俄国	三	美国	夂	其他各国

(丙)说明

(一)类名　根据民众于"学问名称上"之"直知直觉"而名,凡二十八类。大半类名,皆为民众所习用,其中少数,或因难于更改,或因欲指导民众必须知道计,故仍采用较间接,较广泛之名称。

(二)类次　根据民众于"需求应用上"之"孰急孰缓"而序,故除末三类外,大抵皆依实用,而定以先后。"类书"内各目学问,至将来各该目图书,于民众圈对象需要紧多时,亦得取出单独,如法立类。

(三)类号　根据民众于"检查图书上"之"即求即得"而定,故以每类名之第一字,代表各该类之图书。其后又以〇,一,二,三,四,五,六,七,八,九,十……代表各类图书之各部。"〇"往往代表该类除一,二,三……等号所代表外之该类之其余一切图书,和通论该类学问之书。查民众圕之图书,大概以"一字一号"记之,可尽够应用,但为便于表明国别计,设助记表一,以我国字码丨,刂,川,乂,ㄅ,亠,二,三,夂,依次代表各国,如上表所列。本法之所以采用"类名"之"第一字"及一,二,三……丨,刂,川……者,乃要使稍识字之民众,亦可因认识,而便于检阅。

本分类法自民国十八年冬初刊后,即于二十年春修正再版,此乃是二十年秋订正三版之稿,计此法问世三载以来,相继仿效,根据"类名首字"的原则,来出版的图书分类法,计有:

1.《民众图书分类法》——云南省立民众教育馆。

2.《民众图书简明分类法》——浙江省立民众教育馆。

3.《类名记首民众图书分类法》——泰兴民众圕。

4.《民众图书分类法》——汤山农民教育馆。

5.《民众阅书处图书分类法》——常熟民众教育馆。

6.《民众图书分类法》——镇江省立民众教育馆。

他们所以要各自作一图书分类法,那当然是为民众着想,为民众圕着想,同时也就铁证了我这《民众圕图书分类法》的不完善。但在现在已有这许多的图书分类法,相继产生的当儿,我仍旧要将此不完善的方法,介绍出来,这并不是染了绍兴人的傲气,以为"天下的文章,要算绍兴的最好,绍兴人的文章,要算家兄的最好,但家兄的文章,还得要我批改批改"。也不是像俗语所说"癫痫头的儿子自道好"。其原因我在《民众圕图书分类法》三版自序中,说得明白,兹钞录之。

"作者实不愿将此粗砖,一而再,再而三地乱抛。但是为了两年来,我们圕界的高明宏达之士,还没有将美玉——完善的民众圕图书分类法编制出来,供大家应用。所以再与同事胡耐秋,濮秉钧两先生,费了一些时间,凭着过去应用的经验,和主客两观的标准,把它修改一下。……当然这分类法,依然是包含未全,内容未详,条理不清,分析不明,而要三苦手民,再槧印五百册,任其厕身于圕

160

界者,其目的无非是要引玉也。果真在最近将来,有人讨厌这粗陋不堪之法,使起劲来,发明出一个十分适合于民众圙图书用的,更完美的方法来,那时作者志愿已达,则一面为民众圙庆得美玉,一面定将这块粗砖,掷得粉碎,以免贻笑大方"。

(丁) 用法

每类名之第一字,作为该类标记,其后至多用中国数字一位,于必要时,用助记数号一位。例如《教育概论》一书,即知是属"教育"类的,故以"教〇"代表之。若书为《民众教育ABC》,则以"教六"代表之。若一书内容,是纯粹讨论中国的民众教育,同时要与各国的民众教育图书分列,则即可以"教六川"代表之。此"教〇","教六","教六川",即是书之分类号。在以县立民众圙为极限,其所有各类各门之书,至多不上一百册,则以此一字一号记之,必绰绰有余,足够应用的。

归类手续　民众圙担任图书分类工作的人员,在决定采用何种图书分类法之先,当研究各分类法的组织,内容和用法。既经决定采用某分类法后,则除了要十分明了分类法的分类表外,尤须对于各科学术,都要略有门径。因为分类的方法,非但要依据书籍的内容,归入适当的门类,并且要观察阅者对于书之看法,来根据实用价值,评定书之类别。使找任何一类书的人,都可以找到相当的书。所以图书归类时,要精审内容,要顾到实用,经过详细斟酌,然后定以类号,万不可贸然从事的。图书归类的手续为:

1. 审查书之内容

A 参看书名——有许多书,果然是一看书名,即可决定归入那一类的。但是有许多书,单看书名,是完全不能辨别的。

B 参看目次——书名既不能决定书之内容而归类,那末就应当参看目次,因为目次是内容的大纲,不过目次,有详简的分别,愈详细的目次,愈使人可以推知其内容的大概。但有许多书,是只有简单的目次,仍不能叫人定夺其类别的。

C 参看序跋——看了目次之后,仍难决定书之类别。那末,可以看书内的"序"和"跋"。在序跋内,著者或序跋者,必定写出关于作此书的方法,目的,或介绍此书的内容大概。所以看序跋,也是指示归类的一条路,也即是图书分类员当有的手续。

D. 参看章节——看了序跋之后,仍不能明了此书的内容而归类,那末,只有看章节了。将书之第一、二章,或各章都涉猎一过,或选读几节,然后此书之应入何类,或可决定了。

E. 参看其他圕之书本目录——若看了书之章节,还不能明了应归该书于何类,则可以参考其他圕用同分类法的书本目录,来决定归类。

F. 参看题解书评或考证——看了其他圕的图书目录后,还是发生怀疑,那末就该参看有关此书的题解,书评,或考证的书本和论文。

2. 决定书之归类——当注意:

A. 以实用为主。

B. 以严格为主。

C. 一书可入数类,则以材料最前,或篇幅最多,或内容最重要之类为归。

D. 一书包含数门学问的,若归入任何一类,都觉不妥当的,那末可以归入每类之"总记"目内。

E. 丛书分类:

(1)内容复杂,而文字的体裁,装钉的格式相同,但每本不便单独独立的,则不必分散,可以归入"类书"类之"丛书"目。

(2)古版丛书,在版本及校雠上,有特殊价值的,亦不必分散,可入"丛书"目。

(3)内容单纯的丛书,其装钉,格式,文字,体裁相同,页数较少的,亦不必分散,可入各类的"总记"目内。

(4)其总名曰某某丛书,但其各册之内容,均不相同者,且都可以单独发行的,则应按其性质,审其内容,散分入各类。

F.凡翻译本,评论本,注释本,考证本,答案本等,都应入各该原书之类。

3.检查分类类号——

A.在分类法之类目表上,找相当的类号。

B.相当的类号找到后,即写于书底里封面左或右角上之总登号之上,并写在分类编目草稿单上。并再

(1)作一任何记号,在这类号前,表明该号已经用过。使日后有相似的书时,即可以归入之。这样,且可以随时看出馆内,有哪几类和哪几目的书。

(2)将此类号,写在书底封面里之左或右上角上。以便编目时应用。所以要将这些记号,写在这指定的角上,乃是便于写书袋书片时的。并且日后亦可随时对照书片,有否插错用。

C.分类法的类号,决不能使每一本书,都十分符合,尤其是在此科学愈演愈繁的时代,所以有许多书,只可以归入相近的类内去。一经如此用后,亦当在类表之内注明,以便日后,便于将相仿之书归入。

D.在检查一书的类号时,当注意到此种相同的书,馆中是否有过,如已有过,则须沿用旧定的类号,使不致同其所异,或异其所同的。

4.编著者号码——书是表示某人的思想立说,所以除用类号来代表其内容外,还得用方法来代表发表这思想——书的内容的人,使两个标记联起来,就可以代表整本书,因此著者号码,是必须有的。有了这个号码,于图书的排列上,出纳上,均不会发生许多的混乱和困难。因为藉此号码,便可以使同类的书,排在一起,于检查上,研究上,亦均有不少的便利。

外国圕,大都采用卡德(Cutter)氏的《著者号码表》。我国对

于著者号码的编制亦很多，有杜定友氏之《著者号码编制法》，有王云五氏之《四角号码法》，钱亚新氏的《拼音著者号码法》，张英明的《中日著者号码表》。现在民众圕要采取哪一种呢？在我认为要避免因间接而难知起见，所以主张用一种最简单的方法。就是由于各馆"自己随时编制"。其法乃取各书著者之姓字，其后加一中国数字，依书之着手分类先后，而定其记号。例第一次将图书分类时，第一册为王历农的《养蚕》，第二册为关维震的《最新养蚕法》，第三册为王宗朴的《栽桑养蚕新法》。这三本书，依《民众圕图书分类法》来分类，他们的类号均为"农四"。他们的著者号，就可编王历农为"王一"，关维震为"关一"，王宗朴为"王二"。那末，这三本书的索书号，即成为"$\frac{农四}{王一}$"，"$\frac{农四}{关一}$"，"$\frac{农四}{王二}$"了。若有其他各类之书，为其他王姓作的，就成为"王三"，"王四"，"王五"。其他关姓作的，就成为"关二"，"关三"。各姓就各自"一"开始，颇为便利，惟同时即将此种编定的著者姓名和号码，填入一本依《汉字形位排检法》的活叶簿内去，久而久之，逐渐编成一本本馆著者姓字号码表，并且这一个表，会随圕之生存而增进。同时，将此号码，写在书底封面里之左或右角上，在分类号之下，登记号之上，并填入分类编目草稿单内。现在再举例，来详细解释其用法。

A 同类书其著者不同，则其索书号，即因著者号之不同而不同，例如上所举之三册书。

B 同类书为同一著者所著，则其著者号后，可加符号一，二，三……等。例：王历农《实地养蜂法》为"$\frac{农四}{王一:一}$"，王历农《养蜂法》为"$\frac{农四}{王一:二}$"，王历农《养蚕》为"$\frac{农四}{王一:三}$"。

C. 著者同而类不同的书，在著者处之后，不必加记处。例：杜定友《图书管理学》为"$\frac{类〇}{杜一}$"，杜定友《心理学》为"$\frac{类二}{杜一}$"。

D. 著者号码,均依原著者为主。如无从知悉原著者,则依编者编著者号。只有译名而不知原名者,即依标准译名编著者号。

E. 日文书可照中文"字"之姓名编著者号。

F. 欧美原本之书,可照此法编,惟取其姓之第一字母。例:Dewey:Principles of Education 为"$\dfrac{教○}{D一:一}$"。Dewey:Talks on Education 为"$\dfrac{教○}{D一:二}$"。

G. 凡商店,机关,会社,学校,团体等所编之书,其著者号,可如后例编。——

(1)商店——上海世界书局,可取"世"字编,登入著者活叶簿时,可将地名附后。或世界书局——上海。

(2)机关——上海市教育局,可取"上"字编。上海市政府,亦取"上"字编。

(3)社会——中华职业教育社,取"中"字编。中国社会教育社,取"中"字编。中华圕协会,亦取"中"字编。无锡圕协会,取"无"字编。

(4)学校——江苏省立教育学院,取"江"字编。江苏省党部,亦取"江"字编。

H. 凡一册书,既不知著者又不明是那一个机关团体编的,则取书名的第一字,来代著者号。

I. 只知著者之"笔名"或"别署",查不出其真姓名者,即以"笔名"或"别署"之名编号。

用这个方法,来自编著者姓名号码表,于手续上,不会比检查已定的著者号码表,来得麻烦。且于编者可得活用的便利,于检者能看见著者的"姓",对于某书不知为何人的时候,藉此亦可便于找了。至于代表书之组织的一部分,更来得显明,适当,而有意义了。

5. 编附号法——一册书有了类号和著者号码,即可以代表整本书。但是有复本的书,和有数册成一部的书,在排列上,单靠分类号和著者号,是仍旧不能使各书有一定的地位,那末就当再加附号,去分别它们。

　　A 复本书附号的加法,可在著者号后,加丨,川,川……等附号。因为民众圕,决不会备置某书复本,多过十册以上的,所以用中国数码,很是得当。例有四本张冠丹编著的《家庭管理法》,假使张冠丹的著者号为"张六",则此四复本书的号码,即成"$\frac{家○}{张六丨}$","$\frac{家○}{张六川}$","$\frac{家○}{张六川}$","$\frac{家○}{张六乂}$"。若有王历农的《养蜂法》二本,则成"$\frac{农四}{王一:一丨}$","$\frac{农四}{王一:二川}$","$\frac{农四}{王一:二丨}$","$\frac{农四}{王一:二川}$"。

　　B 一部书有"上下"两册,或"上中下"三册,或"一二三四"四册的,其加附号的方法如例。今有殷师竹的《珠算新奇法》一部,凡上下两册,其附号加法如下。成"$\frac{算二}{殷七}$／一"为上册,"$\frac{算二}{殷七}$／二"为下册。有三册为部之书,则在著者号之下,可加三／一,三／二,三／三。

　　若以为上述的方法为太复杂,在每日图书还架时,不能依字形直观记忆其排比之先后者,兹再介绍曾在无锡江阴巷实验民众圕所试用过三年的便利方法。该馆著者号的编制,系照陈立夫氏之《五笔检字法法一》。惟在笔形之前,加上了"姓"字的笔画数。此乃取民众对于"点横直撇屈"五种,皆能明了,至于数"姓"字之笔画,民众亦多能为之。今所以要加上第一字之笔数者,乃使相同者,可以减少。盖点横直撇屈——"丶一丨丿フ"五单位,依法一分组:每组得二十五位,合计共一百二十五位。若不加其他符号,势难免去相同,今加上"姓"之笔数,便使各组各成一百二十五位,姑以姓字之最多笔画为二十画计,则可得二千五百位。依之来编著

166

者号,不加其他号码,亦可够用了。

著者姓数五笔法编制表

姓畫筆數	點丶組	姓畫筆數	横一組	姓畫筆數	直丨組	姓畫筆數	撇丿組	姓畫筆數	屈乛組
	丶丶丶		一丶丶		丨丶丶		丿丶丶		乛丶丶
	丶丶一		一丶一		丨丶一		丿丶一		乛丶一
	丶丶丨		一丶丨		丨丶丨		丿丶丨		乛丶丨
	丶丶丿		一丶丿		丨丶丿		丿丶丿		乛丶丿
	丶丶乛		一丶乛		丨丶乛		丿丶乛		乛丶乛
	丶一丶		一一丶		丨一丶		丿一丶		乛一丶
	丶一一		一一一		丨一一		丿一一		乛一一
	丶一丨		一一丨		丨一丨		丿一丨		乛一丨
	丶一丿		一一丿		丨一丿		丿一丿		乛一丿
	丶一乛		一一乛		丨一乛		丿一乛		乛一乛
	丶丨丶		一丨丶		丨丨丶		丿丨丶		乛丨丶
	丶丨一		一丨一		丨丨一		丿丨一		乛丨一
	丶丨丨		一丨丨		丨丨丨		丿丨丨		乛丨丨
	丶丨丿		一丨丿		丨丨丿		丿丨丿		乛丨丿
	丶丨乛		一丨乛		丨丨乛		丿丨乛		乛丨乛
	丶丿丶		一丿丶		丨丿丶		丿丿丶		乛丿丶
	丶丿一		一丿一		丨丿一		丿丿一		乛丿一
	丶丿丨		一丿丨		丨丿丨		丿丿丨		乛丿丨
	丶丿丿		一丿丿		丨丿丿		丿丿丿		乛丿丿
	丶丿乛		一丿乛		丨丿乛		丿丿乛		乛丿乛
	丶乛丶		一乛丶		丨乛丶		丿乛丶		乛乛丶
	丶乛一		一乛一		丨乛一		丿乛一		乛乛一
	丶乛丨		一乛丨		丨乛丨		丿乛丨		乛乛丨
	丶乛丿		一乛丿		丨乛丿		丿乛丿		乛乛丿
	丶乛乛		一乛乛		丨乛乛		丿乛乛		乛乛乛

167

民众圕采用此法来编著者号,则王历农的《养蜂法》,便为
"$\dfrac{农四}{四 - - |}$"。关维震的《最新养蚕法》则为"$\dfrac{农四}{十九|フ-}$",而王宗
朴的《栽桑养蚕新法》即为"$\dfrac{农四}{四 - 、-}$",为免增加附号,以别复本等
起见,可利用总登号写在著者号之下,假若王历农《养蜂法》的总
登号为"七",即写成"$\dfrac{农四}{四 - \overline{七}|}$",若殷师竹《珠算新奇法》之总登

号为"七十七",则成"$\dfrac{算一}{十七\overline{七}二|丿}$"和"$\dfrac{算一}{十七\overline{七}二|丿}$",二/一,二/二乃
用以别上下册的。若著者为单名,则取姓之第一二笔,名之第一
笔。例徐旭为"十|丿丿",若著者的笔名只有一字的,则取此字
的第一二三笔,例信为"九丿|、"。

6.图书经分类,并检查无错误后,将分类编目单,仍夹入正文
页内,连书送编目处。

二　图书编目问题

意义　图书分类,是把内容相同的书,放在一起。编目是将关
于书之各方面的要点,依一定的次序,逐项列明,使凡不知道书的
人,也可以有门径找到他所要的书。民众圕的对象,大概是不知其
所要,和不知书之内容的,那末对于编制一种完善的目录,尤为重
要。有了完善的目录,就可以使阅者知道:

1.此馆中有某某书。

2.此馆中有某著者的书。

3.此馆中有某种类的书。

4.此馆中已备各类之书凡若干。

5.此馆中各书的所在位置。

6.此馆所有书的内容大要。

7.此馆中有某书的译本或注本。

8.此馆中关于某科学问可参考的书有若干。

9.此馆中缺乏那一种书。

所以在编目上,应有的事项为:

1.书之名称——必须载明书之正确名称。

2.书之著者——载明原著者,翻译者,编辑者,纂集者,校刻者,绘图者等。

3.书之版本——出版之地,人,时,版本之石,铅,影等。

4.书之版次——书刊印之为初版,再版,重刊本,订正本等。

5.书之形式——凡书之大小,纸页,册卷,图表等。

6.书之纲要——将书之内容,开列宏旨,作一提要。

由此可知图书之必须编目,乃所以示明书之材料,内容,版本,分类等。圕图书之必须编目录,乃所以给阅者以启示宝库的钥匙,得观满库的琳琅,故编目员责任之重大,由此可想见矣。兹列编目员在编目时,当注意的要点于后——

1.编目时当注意目录的局部与全部,务使无抵触谬误之弊。

2.编目之简繁,当有划一标准,先后一律,历久不变。

3.编目之格式,务须有一准绳。

4.编目时对于副卡之去留,排列之先后,均须详细校查。

5.编目之书法,当正写或楷写,不得参以草书。

6.编目时务须清洁明晰。

7.编目时当思及,此乃为阅者谋利益,为馆员求便利之工作,故当细心审慎。

8.编目时当备簿子一册,以便记载各项困难问题,及其解决方法等。

9.编目所必须之应用品备全后,方可工作。

目录的种类

1. 以形式分则有

A. 书本目录——此乃我国藏书者所习用,编印成册的图书目录。今之圕亦多仿行之。

其利为:A 便于收藏保管。B 便于分发流传。

其弊为:A 不能随时增减。B 若重钞写,则颇费时,若重刊印,则颇费钱。

B. 卡片目录——此乃用纸片编制一书各方面的目录。按一定之方法,排列于目录柜内。

其利为:A 便于增删修改。B 便于序次排列。C 便于供数人同时检查。

其弊为:A 不能携带检查。B 不能与其他圕交换。C 不能使检者一目可以参见数书。

C. 活叶目录——此乃介乎书本及卡片式二者之间的一种目录。

其利为:A 经济。B 一查即知某类图书,此圕中有多少种。C 可随时增减册数。

其弊为:A 排列不能依次整齐。B 易损坏。C 不能携带交换。

2. 以性质分则有

A. 以书名为主的书名目录。

B. 以著者为主的著者目录。

C. 以标题为主的标题目录。

D. 以分类为主的分类目录。

3. 以排列分则有

A. 书架目录,即依分类号为第一标准,来排列的分类目录。

B. 字典式目录,即将书名,著者,标题,各名依字混合排列而成的目录。

怎样编各种目录

1. 书本式目录编制法

A. 分类法——此法乃将馆中所有的书籍,依类按各索书号码之大小——即根据书架目录而序排的。其式有自左至右横排的,有自右至左直排的,各如附样。

(1)横排的样式:

第一类　　革命文库					
索书号码	著 者	书　　　名	出版处	册数	备注
革〇/二、、-	丁立三	国际现势与中国革命	大东书局	一	
革二/十フフ、	孙文	三民主义	民智书局	一	
革三/十フフ、	孙文	孙中山先生演讲集	民智书局	一	
革八/十一フフ丨	陈易	印度民族运动概论	大东书局	一	
革九/十三－－丿	杨朝杰	近代中国民族革命运动史	大东书局	一	

(2)直排的样式:

第丨类　　革命文库					
索书号码	著者	书名	出版处	册数	备注
革〇/二、、-	丁立三	国际现势与中国革命	大东书局	一	
革二/十フフ、	孙文	三民主义	民智书局	一	
革八/十一フフ丨	陈易	印度民族运动概论	大东书局	一	

B. 字典式——现在亦有依采用检字法排列的字典式目录,来编印书本目录的。其编法若第一项记著者时,则第二项记书名;若第一项填书名时,则第二项填著者;若第一项为标题时,则第二项为著者,第三项为书名。最后两项为出版处,及索书号码。式样如附图。

二、、、——二フフフ				
'著者'、'书名'或'标题'	'书名'或'著者'	'书名'或(空)	出版处	索书号码
丁立三	国际现势与中国革命		大东书局	革〇/二—、–
二十四孝图说	胡怀琛		大东书局	几六/九–、–
人生哲学	冯友兰	人生哲学（新学制高中）	商务书馆	类一/十二、– –

三、、、——三フフフ				
三角	黄元吉	平三角大要	商务书馆	算五/十二I – –
三蝴蝶	黎锦晖		中华书局	几五/十四 JJ I
上官悟尘	学校卫生		商务书馆	卫三/三I、、

2.卡片式目录编制法——兹举主要的书名卡,著者卡,标题卡,书架目录卡,丛书总卡,见卡六种。例有杜定友著《世界图书分类法》,民国十四年上海圕协会发行,初版,精装,铅版,其编制各卡如下。

上面三种书本目录上之著者号,均照"著者姓数五笔法"编的。下列的卡片目录上之著者号,是用"自编姓字号码法"编。此乃举实例,以供采用任何一法之参考耳。

（一）书名卡

类。		世界图书分类法
杜一:一	杜	定友
		民十四年,上海圕协会,初版,精装,铅印。
一二		一册。
二八		复本一。
九三		复本二。
		〇

172

书名卡说明及编制须知:

A 我国人习以书名询问,与西洋人之重著者不同,故列书名卡为首,依之,此卡上须详载书之各项。

B 上式乃根据《民众圈图书分类法》分类。

C 左上角之"类〇",系指此书属"类书"类之"图书学"。其下之"杜一:一"系用著者姓字编号法而定。

D 第四行左端之"一二"为总登号,在右之"一册",表明此书不分装为上下,或一二三册之意。

E 第五行作"备用"用。

F 第六行左端之"二八",系第一复本之总登号。第七行左端之"九三",系第二复本之总登号,依此即知本馆共有此书三册。

G 书名之前,若冠以"加批","详注","增像","御纂"等字样,为求明确起见,得注在正名之后。

H 一书数名,可制见卡。例"《石头记》","《金玉缘》",均见"《红楼梦》"。

(二)著者卡

		杜	定友
类〇/杜一:一	一二	世界图书分类法(著),
			民国十四年,上海圈协会,初版。
类〇/杜一:二	三五	图书管理学(编),
			民二十一年,中华书局,初版。
类〇/杜一:三	七四	校雠新义(著),
			民十九年,中华书局,初版。
字七/杜一	九六	汉字形位排检法(著),
			民二十年,中华书局,初版。
			〇

I.两卷不同之书,合订一册者,可制书名卡二。

著者卡说明及编制须知：

A.一见此卡,即使检者知道圖中有杜定友所"著"或"编"之书凡四种。若再有杜著之书,可在此卡之右下端,末一行上,注"续见第二页"字样。

B.用此法制著者卡,既可一见即知某著者所著,所编和所译之各书,并可省制个人著之丛书卡。

C.第二,四,六,八各行左端之"类〇/杜一:一"等,系为各书之索书号码,第二例中之"一二","三五"等,系各书之总登号。

D.在书名之后,当注明"著","编","译","校"等字样。

E.关于著者应注意之点有：

(1)著者姓名可查而未详悉者,可暂留空位,以备日后补入。

(2)著者的别号,若较正名为显著,则以别号为主,另制正名参见卡。

(三)标题卡

		图书分类法
类〇/杜一:一	杜	定友——世界图书分类法。
类〇/王七	王	云五——中外图书统一分类法。
类〇/徐二	徐	旭——民众圖图书分类法。
		〇

(3)二人合著之书,当在书名后,注明(与某某某合著)字样。合译,合编,均同此写法。二人以上者,可只举一二人。

174

(4)合著之人,可另制著者卡,在书名后,亦须注明(与某某合著)字样。

(5)同姓名者,当在名后,加以"时"或"业"分别之。

(6)西人先名后姓,编制时,当将最后之姓,移写于前。

(7)英人用爵位,我国用谥号,当注于正名后。

F 余见前"编著者号码"节。

标题卡说明及编制须知:

A 见上卡即知,此圖中有图书分类法的书凡三种。若有其他图书分类法时,亦可加入。

B 标题或称类名,与分类法上的类目不同。

C 标题的编制,可取事物的名称,科学的名目,和国,地,人名等,为材料来编定。

D 标题采定后,当编成一标题表,始终一贯用之,切勿随时更改。

(四)见 卡

		石头记,	
		见	
	红	楼梦。	
		○	

E.选定的标题,一经用过,即作一记号,以便下次参考再用,

不致参差各歧。

F.标题采用时,可视书之内容或名称来决定,取直接间接或相关标题均可。

G.一书有关二类的,即编二张标题卡。

H.标题名"图书分类法"五字,用红墨水写,使与书名分别。

Ⅰ.自编之标题表,亦可照《汉字形位法》排。

见卡说明及编制须知:

A.上卡是供只知《石头记》,而不知《石头记》即《红楼梦》之人用。此人检查《红楼梦》时,必依他所知《石头记》之名来检,今检得《石头记》即《红楼梦》,乃知再依"红"字去查即得此书了。

B.凡一书之有二名的,著者之有"正名""笔名"的,标题之有相关标题的,均可制见卡,以作"互见""参见"用。

C.举例:

(五)丛 书 总 卡

		百科小丛书,
	王	岫庐编。
		细目:
自四/竺一	一	气象学,竺可桢著。
自四/李一	二	中国地势变迁史,李仲揆著。
商六/杨二	三	银行要义,杨端六著。
		○

(1)书名的如上例。

(2)著者的——例"周树人"见"鲁迅","谢婉莹"见"冰心

176

女士","麦克昂"见"郭沫若"。

(3)标题的——"逻辑学","名学"之见"伦理学"。"种植"之见"作物"。

丛书总卡说明及编制须知：

A. 上卡是以此丛书之总名为准。

B. 各细目之书前,所以写明索书号者,是指示找到此书卡时,即可依之去找各书之所属类。

C. 第二列中之一,二,三,即为各丛书之第几种。

D. 一卡不够写时,可在此卡末,写"续见第二张"字样。

E. 丛书以著者分,有一人自著丛书,数人合著丛书,一人主编丛书。以性质分,有各书内容一致的,有内容复杂的。但民众圕对于丛书,均可制如上之总卡一张,即够应用参考。盖各书又可另制书名,著者,标题三卡的。

注　若采用姓数五笔检字法排卡的,则以上各卡之右上角上,当各写各卡第一项上名称之排检号,取号标准,与取著者号法同。

(六)书架目录卡

类〇		类书——图书学,
杜一:一	杜	定友,
		世界图书分类法,
		民十四年,上海圕协会,初版,
		精装,铅印。
一二		一册。
二八		复本一。
三九		复本二。
		〇

书架卡说明及编制须知：

A.本卡正面宜记载详尽,反面宜载明关于此书之各卡索引,例书名,标题,分析等项。民众圕可略反面各项的记载。

B.此卡的排列,完全以类号次序为先后,类号同时,则依著者号。

C.此种目录,为点查图书的主要工具,故必须备。

D.若著者号码的编制,是照姓字五笔法的,那末在排列时,以总登号为第三标准,详见后。

卡片目录之所以以书名,著者,或标题为主者,盖使阅者若只知书之书名或著者,即可找到所要的书。或只拟要某种之书,亦可由标题卡找得。书架目录,以类排列,亦可供阅者检查某类之有某种书的。见卡乃指示那只知其一,不知其二的阅者,亦可找到书的。综之,此种目录,使阅者有几条路去找书。

字典式目录的排列:

卡片目录的排列——提起卡片排列,就涉及检字问题,我国近数年来,对于研究此道者颇多,所谓发明检字法的,真如雨后春笋。综合起来,各检字法,重形的多于重声的。在形派内,还有母笔,部首,计数,号码等派。到最近共有七十余种,实在多不胜收。经实验比较下来,以为与民众习用不相远的,及便于用的,计有二种,即陈立夫的《五笔检字法法一》,及杜定友的《汉字形位排检法》。用陈法一,须加第一字之笔数法,详见前表。用杜法则可购该书参考。(中华出版)

上列的书名卡,著者卡,标题卡,见卡,及丛书总卡五种,依各卡顶行之书名,著者等混合,可照杜定友的《汉字形位排检法》排成字典式目录。若照《五笔检字法法一》前加第一字之笔数——"姓数五笔排检法"来排,其标准为:

A.先依据各卡右角上的排检号排。

B.若排检号相同时,则不另加附号,即依书之分类号排。

C.若分类号亦相同时,则依书之总登号之大小来排先后。

178

书架目录的排列：

A.用自编姓字号码法来编著者号的目录,其排列的标准：

(1)依分类号。

(2)分类号同时,则依著者号。

B.用姓数五笔法来编著者号的目录,其排列的标准：

(1)先依类号大小为准。

(2)类号同时,则照著者号大小为准。

(3)若两号均同时,则依总登号先后为准。

注意　登记号不相连续之复本,或有某著者作二种以上同类号之图书,间虽有其他著者的同索书号的图书,亦得先排在一起,然后其他。

C.著者号码,若用自编的著者姓字号码的,则书架目录的排列法,先看分类号,次依著者号。指引卡之用法——普通可用三开及五开的两种,其凸出的头上,有用色别来分的,其序列及写法如图。

A.用《汉字形位排检法》来排字典式目录的,则指引卡的用法,可参看《汉字形位排检法》第二十二,二十三两页,故不举例。

B.用姓字计数五笔检字法,来排的字典式目录,其中指引卡的用法如图示。

C.书架目录内,指引卡的用法如 180 页图。

3.活叶目录编制法——书本目录,卡片目录,及活叶目录,在实事上三种都有利弊,可是都有用处。民众圕当然在可能范围内,各种俱备为最好,但事实或有所不能,则为各方面便利计,可酌量置备。

A.在阅览室内,常备以类目为主的活叶目录,供民众检查用。及卡片的书名目录,供阅览人检查,及管理人答询用。此乃因国人的习惯,是往往只以书名来查来问的,故备此种目录,以供实用。

B.在分类编目室内,备卡片的书架目录,供管理人检查,及点查图书用。

四畫點 ' 組 一 目

四畫點 ' 組 ' 目

農一　病蟲害　　農二　種植　　農三　作物　　農四　蟲蜂

農。總記

第二類　　農業

革一　黨　革二　主義　革三　言論　革四　政象

革。總記

第一類　　革命文庫

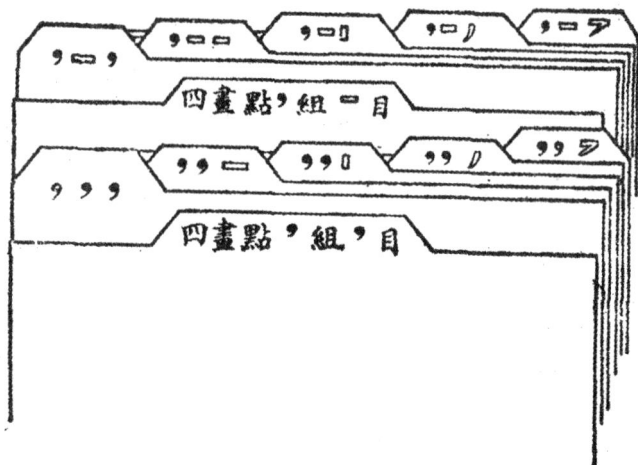

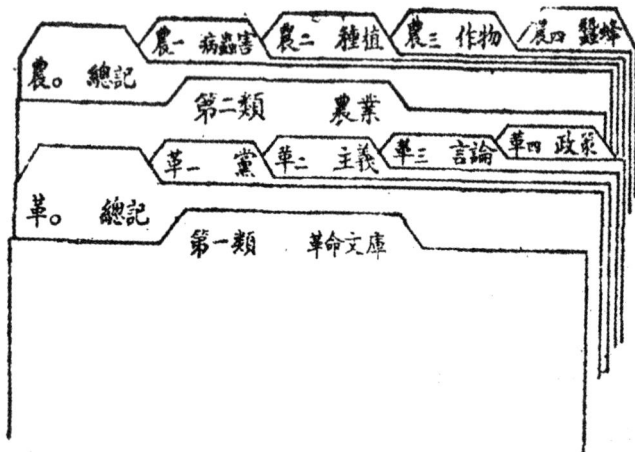

C.每月依书本目录式,印发本月内所采购的新书目录单,到年底或年度末时,可汇齐改编成书本目录,刊册赠送,以供他馆参考,或以资交换刊物用,这亦不可谓不经济。

（圖）某某民衆圖活葉目録

書名	著者	册數	出版處	價值	備註
醫學南針	陸士諤		世界書局	八角	
普通胚胎學	吳元滌		世界書局	一元	
實用急救法	黃龍光	一		一角券	

（醫藥類 總記目）

書名	著者	册數	出版處	價值	備註
生理學	薛德焴	一	世界書局	一元	

（醫藥類 生理及解剖目）

说明

1. 凡"医药"类"总记"目的书,可依到馆先后,按次加入。

2. 此纸不足时,可加入一张。

3. 此种目录,使人一见即知该馆中有普通医药书几种。

4. 此种活叶目录之编制,翻查,于民众十分利便,颇可采用。

编目的手续　书本目录及活叶目录的编法,比较简易,卡片目录的编法,比较繁复,可是还有许多归编目处应做的小工作,故再从分类处,将图书送来后,归编目处的逐步手续列后:

1. 审定内容,编制纲要,于分类编目草稿单上。

2. 依分类号,并根据标题表,决定标题。

3. 写此标题名于分类编目草稿单上。

4.贴里书标于封面的内面,并根据此页上,前所注明的收到日期,盖印于此标上。

5.贴书袋于底封面里的底角处。

6.贴期限条于末页之上端。

7.插一书片于书袋内。

8.根据底封面里上端的各号码,钞于书袋上。

9.书写书片各项。

10.书写外书标。

11.校对书袋,书片及书标上的各项。

12.贴外书标于书脊离底一时处,依此标准,可整齐美观,或贴在簿本书封面的右或左角上。

13.若为普通参考书,则再贴一参考书标于书脊的顶端。

14.按分类号排列图书。

15.制活叶目录。

16.编钞揭示新书目录单。

17.将书送出纳处,陈列于新到图书架上展览,在一星期内,暂勿出借。

18.用分类编目草稿单,或参考登记簿,编制卡片目录。

19.排列卡片于目录柜内。

用分类编目草稿单,是使制卡片时,可依之为根据,书籍乃可不因制卡,而延迟送出陈列。

分类编目,在圕中为重要的作业,故果能将此项作业,办理妥善,则馆中图书,必可便于供阅览,备参考,资研究,利贡献。

附书写外书标之书法样张:

革 農 工 商 教 尺 小
戲 詩 文 醫 衛 家 美
傳 算 宗 政 法 軍 字
歷 地 社 自 雜 類 兒

一 二 三 四 五 六 七 八 九 十

| 𝟙 | 𝟚 | 𝟛 | 𝟜 | 𝟝 | 𝟞 | 𝟟 | 𝟠 | 𝟡 | 𝟘 |

擬草旭徐

第八章　民众圕图书管理法

民众圕图书管理的范围,可从两方面来定——

一、从纵方面,以图书分类编目后之手续来定,则凡图书的排架,借还,整理,保藏,点查,装修,及统计等属之。

二、从横方面,以民众圕供众阅览之室别来定,则凡圕的普通阅览室,书库,阅报室,及儿童阅览室等属之。现在以前者为经,后者为纬,来叙述管理图书的各点。

在没有叙述各室的图书应当怎样管理之前,有一个先决问题——开架式,须得先讨论一下。因为这于图书的管理,有极大的关系在焉。

开架式的意义　圕将所搜藏的图书,全部或大部分陈列在阅览室内,使阅览者都可以自由检阅架上的书籍,取其所适用者来阅读的图书阅览制度是也。

开架式与闭架式的比较　图书供览,凡有二法,一曰间接法——闭架式。一曰直接法——开架式。闭架式系将所藏图书,另陈一室,阅览者要书阅读,必须先在阅览室内找目录,填取书条,向管理员索阅,是否就能借到,是在不可知中,也许在一小时内,连借数书而不得,亦未可知。因为不论管理方面,用什么方法来表示已借出的各书,但终要多耗阅者的时间。更有一般的民众,是否会用目录,会找目录,会填取书条,肯填取书条的,所以这方法,远不及开架式之可任阅者,直接目睹图书,手触图书,自由选择图书的

184

便利。民众圕为要达到设施教育目的起见,那末应该采用以阅览者为本位的开架式制度。

开架式之弊的讨论　开架式果然比闭架式好,可是开架式也有它的弊端。总括起来,约有三大坏处。一曰图书容易遗失,二曰图书容易损坏,三曰排列容易混乱。无锡江阴巷实验民众圕对于这几个问题,曾有几种方法的实验。

1. 书架前面,围以短木栅,留相当隙地,供阅者进去检书,管理员就坐在木栅的出入口监视。

2. 将书架上各书间之距离,排得较宽些,藉以减少抽插时的挤轧。

3. 管理员特别留意,或劝止在架上检书的人,勿将书籍滥抽滥插。

4. 民众从书架上检定要阅的书后,就应当签名在书片上,交管理员收存,阅后将书交还管理员。

5. 每日整理书架一次,每周粗查书架一次,每月详查书架一次。

这几种方法,试用三月后,对于图书的遗失,得到很好的结果,对于排列的混乱,也比较好得多,惟对于图书的损坏,则不能止于至善,可是对于每书阅览次数的正确统计,是借以获得了。其实若图书因阅览而损坏,比无人顾问而簇新,其利用价值,已高超过点缀价值十百倍了,这也就是圕已达到了使人与书接合的媒介工作了。若是管理员能眼看四方,严密负责管理,书架前不围以木栅,亦不会使图书增加遗失的。

开架式的必要　民众圕,必须采用开架式的理由是:凡手续愈简单,时间愈经济,而所要看的书愈容易得到,则阅者的读书欲,必愈会冲动。读书欲愈是强切,则读书的兴趣必会愈浓厚,读书的能力必会愈增进。复次,读书的意志会更坚固,而读书的行为,会继续不断地前进,以达其欲望。所以要诱起民众的读书欲,而成为有

185

意识的读书行为,只有将所有的图书,如商店一样,陈列在顾客的面前,使已有读书欲的读者,会更增加他们的欲望,使没有读书欲的顾客,会因图书的激刺,而生读书欲,如是则图书就得以发挥其本身的效用了。

开架式的布置　开架式阅览室内的布置,普通可分二种。一种是将书架,都着墙壁摆,阅览桌全摆在中央。一种是用双面书架代壁用,将阅览室分成小间,每间中摆桌椅。为阅览上幽静计,可用后法。为管理上便利计,可用前法。民众圃以取前法为更相宜。法如第四章第59页之图示。

图书管理员　民众圃馆员,在学识,品性,及工作三方面,应该怎样,第一章内"馆员"是"民众圃的重心"一节内,已经约略地说过。现在为了开架式管理员责任的重大,所以再列举 W. W. Chasters 认为图书流通管理员,所应具的美德——正确,干练,礼貌,友好,聪明,忍耐,健康,和悦,判断,镇静,忠实,适应,想像,整洁,记忆,创造,学识,敏捷,纪律,乐业,求知,勤谨和严正,作为民众圃开架式之图书管理员,应行修养的标准。

一　普通阅览室内图书的管理

民众圃普通阅览室内,所陈列的图书,可分为普通书,参考书,杂志及其他四种。

(一)普通图书的管理　普通图书,经分类编目后,即当陈列流通。其中凡排架,出纳,统计,整理,装修,卫生,点查等项,均为管理的工作,兹分述之。

1.排架——图书排架的方法,是依书架目录的排法为根据标准。书多的,每架可陈一类,书少的,每层可陈一类。在每类各目之间,要有空位,每类之末,也要有空位,使每次新书加入时,不致牵动大局。书排架时,应自左至右,从上到下,在每只书架的顶端,当钉以类名牌;其每类每目图书之前,当备以类目牌;藉以指示阅者知道此架上所陈何类之书,或此层上所陈何目之书。例如图:

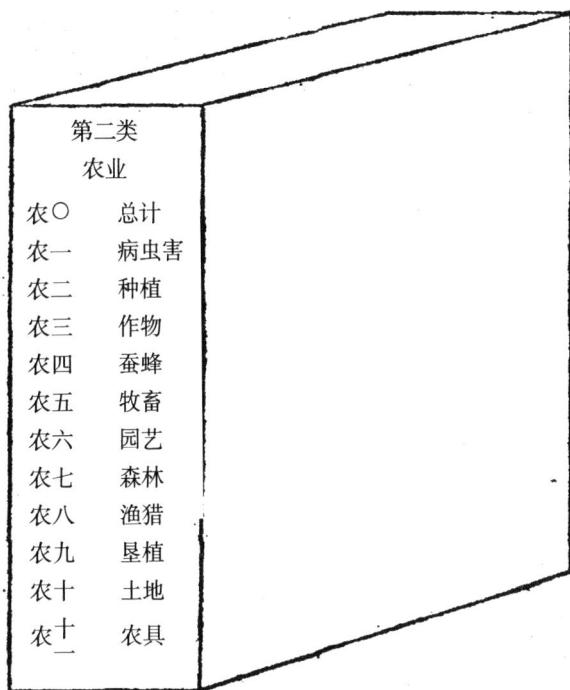

一、在每类前用的,高九吋,宽七吋,厚一吋半。

第二类 农业	
农〇	总计
农一	病虫害
农二	种植
农三	作物
农四	蚕蜂
农五	牧畜
农六	园艺
农七	森林
农八	渔猎
农九	垦植
农十	土地
农十一	农具

187

农四

蚕

蜂

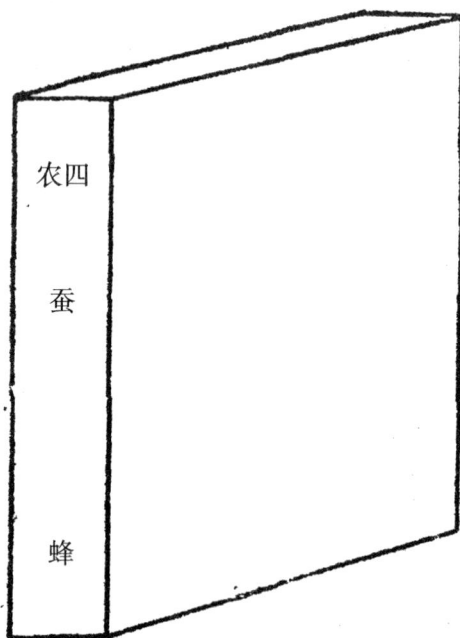

在每目之末，每层之末，都须用铁质书撑，支持图书，以免图书倾倒，而至杂乱或损坏。

2.出纳——民众圕除须采用开架式外，并且还应该取无担保信用的借书制，使馆内图书，尽量流通活用，所以出纳一项，就成为很重要的工作了。

A办法——图书借还办法，已见第五章，但有几点是须注意的——若借阅人的资格，每人每次借书的数量，每书借出的期限，借出图书种类的限制，借书逾期的处罚等。凡在圕区域内，有固定住址；或有职业的人，凡愿恪守馆定的办法，都可有借书权。若因馆内书少，不敷流通，则可限制发借书证的数量，每人每次只可借一册，因为限度太宽，既不能使书多多流通，又会使借者滥借不阅，或会养成读一书不尽一书之弊。期限则以一星期为最多,过期不还,须要执行规则,按法处罚,一点不能通融。凡参考书,地图,照相,表册,巨册等,是以不能借出为原则。

B 手续——大同小异的借还图书方法很多,兹将民众圕可采用的方法列后。

法一——书内无书袋,书片,及期限条的,出纳处单备"借阅图书登记簿"一本,内有借期,借者,借书证号数,书名,书号,册数,还期,各项。其借还手续为——

(1)借者将借书证,连所要借的书,交管理员。

(2)管理员验明借书证后,即对明"证""簿"上各项,填入簿内。

(3)将所借之书名,书号,填于簿内。

(4)将书交与借者。

(5)将借书证,按号排入借书证匣内。(因证上不贴借者相片故借书后收存以防将证借人来借书之弊)

(6)还书时,管理员将借书证检出对核。

(7)核对无误后,在簿上填明还期。

(8)将书收存,将证交还借者。

此法虽甚简易,但未尽善之点甚多:

(1)还书时,不能立刻知道,此书于何日借出。

(2)借一书,要填若干项,颇为费时。

(3)于各项统计手续上,颇为麻烦。

法二——书内有书袋,书片,及期限条的,此法之借还手续为——

借书时——

(1)每次借书,借者须缴借书证。

(2)管者抽出书袋中的书片。

(3)借者签名于书片上。

（4）管者盖借出期印，于期限条上。

（5）管者将书号，册数，借期，填于借书证上。

（6）管者将书交与借者。

（7）管者将借书证及书片，按借出日期，排列于书片匣内。

此法亦每人每次以借一书为限，故将借书证之反面，充借书券用。此法既可省书券，又可使民众不致要保存之件太多而遗失。

还书时——

（1）还书人将书交与管者。

（2）管者依期限条上，所盖的借出日期，于书片匣内，检出书片及借书证。

（3）核对三者。

（4）盖还期印于借书证上，并交证与还书人。

（5）盖还期于书片上，及期限条上。

（6）插书片于此书的书袋内。

C 续借——馆内为阅者便利计，故有图书续借办法。普通以一次一星期为限，其手续为——

（1）借者当将所要续借之书，交出纳处。

（2）管者之手续，同还时之 2 和 3。

（3）借者签名在书片上。

（4）管者盖续借日期印于各件上。

（5）将书片连同借书证，排入书片匣内，续借日之格中。

D 预借——某阅者要借阅之书，已为他人借去，为防此书还时，又先为他人借阅计，那末可以向出纳处管理员，声明预借某书。其法是馆中备一"预借图书簿"，内有预借期，预借书之书名，著者，及备注等项。管理员俟此书还馆时，一面将此书保留，一面须写一便条，通知预借者。若预借者，三日内不来借阅，则可将该保留之书，还架陈列。

E 催还——有许多借书人，往往因种种关系，忘记将书按期还馆。在圕方面,决不可任其不还,到最后即科以罚款。而应当先期通知,最好是在当还之前一天通知,提醒借者,若至当还之日之上午,仍不来还,则于下午再催一次,促其来还。

3.统计——圕可以统计的材料很多,大别之有三种。一曰财政统计,一曰图书统计,一曰阅览统计。除第一项外,其余二种,尤其是最后的一种,每日要由图书管理员去做的。

关于图书统计的材料,若馆中现共有图书若干?各类图书各有若干?每年增添图书若干?每类图书的百分比是多少?寄存图书共若干?每月遗失图书若干?装修图书凡若干?注销图书凡若干等等。

关于阅览统计的材料,若每日借阅图书之数量和每类的数量,每日阅览书之数量和每类的数量,阅者借者的数量,以及以职业,性别,年龄,区域,来分之种种统计。

现在将统计放在第三节,乃所以要管理者,将每日阅览者,借书者,及借阅各类图书的各种统计,于每日闭馆后,须一一统计之。

统计材料中,最难正确者,就是关于阅览者各方面的统计。若用签名簿,填姓名,性别,职业,年龄,住址等,既麻烦,又费时,且有许多阅者,实在对于书写,是不可能的,依之,即畏缩不敢前来。若雇用一勤务,在馆之进口,代为划数,则对于职业,年龄等项,又无从知悉,且馆中专雇一人来统计,亦大不经济。若用竹筹或入馆牌等,有人管理之,虽较准确,但雇人又不经济。若没有人照顾,则又不准确。所以无锡江阴巷实验民众圕将各种方法,都试验一下,其结果还是用一块黑板,使来馆阅者,划一记号,每半日统计一次,比较简易便利。(图见第五章第110页)

4.整理——出纳处图书管理员,应将每日收还之书,和阅者阅后存在桌上之书,于每日闭馆后,或每日开馆前,整理插还书架。插书还架时,须将架上之书,按书号的大小,依次检查一遍以防有插错之处。同时还应将破坏的书,一一剔出装修,若见有已破坏而

191

不值得装修的书,或已失时效不适用的书,则应当在总登簿上,该书之备注项内,注明撤消原因及日期。在该书面上;亦盖以撤消图章和撤消期印,暂为另存一处。并将关于该书的书架目录和书名卡片,从目录柜内抽出,亦盖撤消章及撤消期印。各撤消之卡,亦合并暂存一处,以备询查答问。同时须布告周知。

5. 装修——装修图书,系专门之事,故范围大的圕,均特设一部,以司其事。小圕因经费拮据,不能请专人负责,可是事实上,图书破坏,是不可免之事,所以对于装修种种,应详知之。因为图书破坏后,若仍任其陈列架上,非特不易整理,且又有妨美观。在每日整架时,当将破坏的剔出,分别其轻重,修补或装钉。书在装修期内,一面将各书分类,用纸誊写揭示,及在各类架上,声明该书是在装修。一面将装修之书,登入装修图书簿内,以便统计装修的数量及价值。

A 修补——凡普通书之有缺角,脱页,撕破,或书标书袋之有脱落者,应立刻修补还架。改装封面的,可用浅色的封面纸。黏贴脱页的,可用桑皮纸。补贴破页的,可用玻璃纸。中国旧书之有风伤较重者,可于书之两头,用极薄而有韧性之纸补之,再用衬纸。其伤轻者,只用衬纸可也。有虫蛀之书,其蛀孔数个相连者,可用一纸补之。若不相连者,可分补之。补孔之纸,勿使大于此孔,俟补干后,再加衬纸。霉烂重者,先用针挑开,下衬以纸,平铺喷水,将墨线字脚对齐,然后下笔托裱,裱后将衬纸揭去,再用干纸隔之。水湿之书,须每页摊开,喷水刷平,凉干再钉。善本书之水渍不上十年者,可用碱水洗之,再用清水漂之,末以干纸隔之。

B 装钉——估计破书之值得重装者,可送钉书作装钉。送装前须将要如何装法,开单注明,隔在书之第一页内。装钉单内,须有装修号数,书面的颜色,材料,高度,字样,字色和书法等项。

线装法的步骤——折叠纸张,苟薄旧不便翻检,则宜衬以白纸,上下镶边者,须依法衬之,是谓镶衬。次加副叶,以资护内叶而去潮湿,然后切齐而加封面,包角而用线钉之。

精装法的步骤——折叠集合,顺序排整,以木锤击平之,切毕涂以胶水,俾边叶胶于一处,镶飞白及折叶,而后锯槽,加末叶,继穿缝,使各组纸互相联络,再修齐,上胶,捶背,圆背,复上胶,捶背,装书面,末以紧压机榨压,平整后,取出即成。

装修图书完竣后,须与装修单各项校对。校对后,将装修价值,及送还日期填入装修登记簿内,然后再将书上所应有之书袋,书片,里书标,外书标等,补贴完全,即行还架,随手将架上之图书装修布告条取消。

我国之线装书,不便直列,但亦要陈架公开阅者,即不得不设法装钉。对于此种书籍,可用青布硬纸书函,为最适宜。盖一可保存书之原形,二可分函陈列。此种书函,每只用上等料制,约大洋二三角。

6.卫生——现在我国的民众图,怎能如欧美的大图,凡人入内阅览,须先在盥洗室,用药水肥皂洗手呢!所以民众图的图书,经过许多人用后,实在是与钞票一样的龌龊,那末对于书之卫生,亦须注意。

A 藏书的室内,要空气流通,温度适中。

B 每年在空气高爽的时令,曝晒一二次。精装之中,不宜在阳光中曝晒,只要在空气流通处展吹。

C 藏书潮湿之处,可洒石灰粉,书架中可放樟脑粉。(粉存在布袋内)以防虫蛀。

D 时常将架上之书翻动,藉以流通空气,可免霉潮。

7.点查——每日整架,乃是治表的手续,每月或半年点查一次,乃是彻底的办法。点查最大的目的,乃要知:

A 架上所有图书的数量,是否与书架目录上的符合。

B 各书书片,有否互相错插不符。

C 检查破坏,涂污,及可注销的图书。

点查前应办的事：

A 出布告将于何日起，点查图书，停止阅借。

B 收回已借出之图书。

C 将收回之书还架，并先读架一遍，将插错之书，归还原处。

点查的方法——点查图书，乃将书架目录与书架图书对照。其法一人报卡上的书号，一人在架上依号检书，如书不见，报卡者即将该书卡竖起，直到一类查点完毕，即根据竖立之卡，将所不见之书，一一钞入图书点查簿内。簿上应有总登号，书号，著者，书名，价值，出版处，册数等。或单将不见之书的总登号，及索书号钞出。

全部图书点查后：

A 将不见之书，与未还各书之书片对核，如某书确已借出未还者，则将书卡插好，并将录出之号注销。

B 凡书确系不见者，即将此目录卡及书名卡抽出，另放一处，并将遗失之书，公布周知。

C 过一个月后，此书仍未查得，则将卡片抽去，并在总登簿上备注项内，注明或盖遗失及日期字样。

D 若有撤消或装修之书，其手续和方法，见前第4.和5.两节。

（二）参考书的管理　阅书室内的图书，大别之有二种。一种是前段所讲的普通书，一种是本段所要说的参考书。普通书是供人可以细读的，参考书是供人检查的，所以参考书是自学自习者的重要工具。一个民众圉最低限度，它应当备良好的字典，百科全书，主要年鉴，六法全书各一部。精良的本区，本县，本省，本国地图及世界地图各一幅。如此，则阅读者和询问者，对于普通要解的疑难，都有办法了。

1. 参考书的种类——以参考书编纂的体制来分，可分字典，舆图，书目，年鉴，指南，索引，百科全书七种。

A 字典——有字典，辞典及字书等。

B 舆图——有地理,历史,商业,地质,航海,行军,运输,家政,及其他等舆图。

C 书目——有史家,学术,引用,版刻,考订,解题,毁阙,及书目之书目等书目。

D 年鉴——有传记,统计,历书,汇总等年鉴。

E 指南——有一区,一城,一业,一机关,一名胜地等指南。

F 索引——有书籍,杂志,报纸,论文等索引。

G 百科全书——有以类分,和以字分的百科全书。

2. 参考书的特质——参考书与普通书不同之处是:

A 编制不同——因为供检查用的原故,所以参考书的编制,大都是或以字分的,或以人分的,或以年分的,或以国分的,或以类分的。

B 内容广博——参考书的内容,不是对于专科的知识,都搜集包罗,就是对于各科学问,都应有尽有。

C 检查解难——参考书不是可以自首至尾全读的,乃单是供我们遇到难答难解的字或问题时,可按图索骥去检查我们所要知的字或问题用的。

D 增加常识——普通的书,是首尾一贯,讨论一方面的科学。参考书不但在一方面的普通知识,是应有尽有,且因为它包含广博,叙述广泛,所以可以增加查者获得各种科学的常识。

前二条是参考书本身的特质,后二条是参考书功用的特质。馆员应如何将它本身的特质,来显示它功用的特质,到每一个阅览者的身上去的方法,当于民众阅读指导章内讨论。

3. 参考书管理法——

A 参考书是供众检查用的,所以须有特别标记,令人一望而知为参考书。(此标记可贴在书脊顶端,样见第91页)

B 参考书是大众随时要需用的,所以不能通融出借,最好在书名页下端,贴一张"参考书不出借"标纸。

C 参考书可另陈一架,或将有几种常用的参考书,如字典,辞源等,能另制小架存放,在各阅览桌都便利的地方。若阅览室以书架隔成小室的,则以有关研究此小室内,架上图书的参考书,独自陈列在一个小架内,放在此小室各书桌之旁。

D 注意各参考书之应用率。

E 凡参考书的书架目录卡,当另陈一处。

F 每日整理一次。

G 他若装修,卫生,点查等,均与处理普通图书同。

(三)杂志的管理　杂志如周刊,旬刊,半月刊,月刊,两月刊,季刊,半年刊,年刊等,虽曰无所不载,然亦非漫无限制的。各杂志各有其宗旨,以表明其使命,而划清其范围的。其实杂志乃是一种最良好的参考材料,所以圕对于杂志,必须定阅数种,以资应用。因为杂志的价值是:

1. 杂志所载之文章,均简短精悍,新颖特出,或为书籍中所无,或为尚无专书之论,或为专书之精论,故优良的杂志,其价值常过于书籍的。

2. 有许多材料,为书籍所不记载,而杂志则详为记载之,此可补书籍之不足的价值。

3. 凡优良杂志,均有索引,此于检查参考,极为便利。

4. 各界之有权威者,有不愿著书而愿撰文投登杂志的,所以在杂志上,是可看到名著谠论的。

5. 杂志是在一定短时期内,可以有一副新面目,来招徕迎接它的顾客。所以比较书籍的激刺力,来得强大,更会奋起读者的求智欲。

民众圕往往因为馆舍狭小,和人员缺少,不敷分配,所以大半是将杂志陈列在阅书室内。现在先将杂志阅览处,附设在开架或阅览室内的管理须知列后:

1. 有陈列在书桌上的,有陈列在架上的。为阅者便利计,集中计,及注意力不分散计,须将杂志集陈一隅或一处。

层次	杂 志 位 置				
一	东方杂志	新中华	申报月刊	建国月刊	时事类编
二	商业月刊	中行月刊	劳工月刊	工商半月刊	机联会刊
三	农声	华月养蜂月刊	现代农村	科学	科学世界
四	文学	现代	文艺春秋	矛盾	新时代月刊
五	中华教育界	教育与职业	教育与民众	江苏教育	大上海教育
六	大众画报	良友画报	文华画报	摄影画报	时代画报

2. 按性质分类,挨次陈列架上。

3. 每杂志的架上,须贴一醒目的标笺。

4. 全架上若陈二十种杂志,当编一缩形表,开示各杂志的地位,贴在一方木上,放在架上,或钉在架之顶端,使阅者更便于检阅。例如上图:

5. 有新到杂志陈架时,当在新到杂志布告牌上,布告示众。

6. 已满卷的,当汇齐送装。

7. 陈架杂志,切不可通融借出。

8. 注意欠公德之阅者,撕扯或剪裁杂志上的图表等。

9. 每日须整架点查一次,如有遗失,当布告周知。若一星期内,仍不查到,则须向出版处补购,因过久是颇不易补到的。

10. 对于停刊的杂志,当早日取消,并须布告周知。将其空位,换陈他种杂志。

11. 对于过期长久不到的杂志,或报载已出之期刊,而本馆仍未收到者,当出函催询。

12. 若将已汇装的过期杂志,都陈列在杂志处,则可以按类另陈一架,放在最近杂志陈列架附近。

13. 最近期杂志,最好能用杂志夹护存,以免遗失。但有锁的护夹,其价值每只二元左右,决非民众圕之经济力所能办到。那末防折角损坏起见,可用硬纸的讲义夹,夹外贴以杂志名标,标上盖以馆章,若再加贴一"请勿携出室外阅览"字样条亦可。

14.若馆内无其他职员,管理杂志之购订者,则凡定阅,收受,登记等手续,亦须由此管理员负责。

若馆中另辟杂志室,其管理方法与前同,惟对于编制杂志索引,汇装完卷杂志,布置室内环境,管理阅览工作,都可得充分时间,为民众去干省时间而得获好材料的重要业务了。

(四)其他图书的管理　阅览室内,除普通图书,参考图书,及杂志外,还有地图,表格,巨册,图画,照相等,这许多材料,应该怎样管理呢?

1.地图——地图的装钉,有的成本,有的已裱成为轴,有未裱的单张,对于成本的,可以与参考书一样,汇起来都放在地理类书架之末,或另陈一架,放在地理类书架之前。已裱成为轴的,拣十分合时需要的,可悬挂起来,其余的都可放在地图轴架上,两端须贴以图名的标笺。未裱的单张,可折存在讲义夹内,排在地图册架内,夹外贴以标笺。

2.表格——有许多图解,一览表,统计表,是值得供众参考的,那末也可以将最需要的,装在镜框内,悬挂起来。其余的可和未裱的图画,一样处理,折在讲义夹内,放在地图架内,或参考书架内,或另指定架之一层陈列。凡存放讲义夹内的图表,其各类之前,须插一类木牌。

3.巨册——有许多大于普通面积的巨册或字帖,可以另陈在巨册架内。

4.报告——学校团体的概况,机关学会的报告,这些册子,也有参考的价值,尤其是在初出的时候,有许多阅者,喜欢翻阅的。这种种材料,可暂陈列在杂志架上,到可以不必陈列的时候,方可送库收存。

5.图画照相——图画照相的陈列,与表格同。或可悬挂,或可存讲义夹内。

以上各件,可不出借,凡件之有书架目录卡的,当汇齐另存。凡无目录卡的,当备分类登记簿一册,填明各件的种种。其分类法,即可用表格,报告,照相,图画等名词。各件收存书库之日,即行在簿上注销。每日整理,亦可依此分类登记簿,按次点查。为点查便利计,凡地图,表格,图画,照相之用讲义夹者,可另制一架或一橱,分若干层或若干抽屉,将各件按类存放在架橱内或抽屉内。

二 书库内各件的管理

一个民众圕,决不会只有整本成册的图书,而无小册零篇的材料。若将这许多零碎的材料,一起都放在开架式的阅书室内,那当然是不相宜的,所以书库是少不得的。依之,书库内所搜藏的材料,大别可分为杂志,小册,报纸,杂件及珍贵之书籍等。

(一)杂志 关于杂志的处理,前段已经说过,但有许多民众圕,既没有杂志阅览室,或在阅览室内的杂志处,又是很狭小,只可以容存最近期的杂志,那末在事实上,这许多过期的杂志,只可以存在书库内了。满卷了要装钉,未满卷或不值得装钉的,应当按类陈架。每种杂志,都可以编一张件名卡,卡内载明馆内所有该刊的卷数及期号数,俾便检查答问。

(二)小册 有人说凡书之不满五十页者,即为小册,这是以形式论者。有的说凡是页数很少,且不必与其他图书,要同样费分类编目的手续来陈架的,单供需要者,作偶然参考用的薄册子。由上面二说看起来,小册子的标准,第一是以形式来分,第二它们的材料,是有永久保存的,和不必永久保存的二种。现在对于处理小册的办法,约略说一说。

1.圕收到小册后,先行盖章,登记。其登记簿可与图书登记簿同。一册登记后,即将登记号,写在正文第一页的下脚。

2.目录——小册子每件当制一件名卡,按件名之排检号排列,作为查有无某件用。

3.装置——小册既是薄小的东西,那末当然不容易直列在架上,但若平铺在抽屉内,则于检查又不便,于是须用小册匣,将各件按类存藏。(匣样见第95页上图)匣外标以匣内所储的类件名,然后直列架上。

4.序列——序列小册子的方法,有以号码排的,有以颜色排的。民众圈可用简单颜色法来序列,先将馆内的小册子,按材料之多少,分成几类,每类再分几目,以一,二,三,四……序次每类的颜色,目次的代表颜色,亦根据此类次排之。若某类之目,超过类时,则另加颜色以定之。若第一类为红色,第二类为青色,那末某小册是关于第一类的,则在此小册书脊离底一英时处,贴一条一米突阔的红色纸。若此小册是属于第一类第二目的,则在此红色纸上,再连贴一条半米突阔的青色纸。用这个方法来序列,在书库内,应该划一张颜色序列类目索引表,以供检者依之查材料用。

(三)报纸　每日从阅报室换回的旧报,摆在各报指定的架上。一到每月初,将上月的报纸,按日依次折叠,送当地印刷所代装。封面纸可用重磅牛皮纸,其脊背上端印报名,中部印年月,下端印馆名。此种封面,可先印若干,备每月装钉用。报装成送回馆后,即在封面脊背上,填明年月。每日如有缺报,当即设法补齐。每月装钉之报,可按名及按年月次序,存入报橱内。

若圈将几种报,每日剪裁的,则先规定若干标题,并备贴报簿若干本。簿之大小,当为普通报纸之半,然后将剪下之材料,按标题分贴于各簿内。于剪得材料之末,须各加注取材之报名及年月日。一簿贴满后,当作一依题名为主的索引,贴在簿封面里,或将簿之第一页不贴剪材,留作写索引用。

(四)杂件　凡团体的概况,学校的一览,机关的报告,书店的书目,以及剪贴的画片,照相,招贴,样本,原稿等,对于参考上均有相当的价值,所以必须妥为保藏,以备检查者不时之需。管理方面的各点,均与小册相同,也要登记,也要制件名卡,也要存放在匣子内,也要用颜色来序列,惟为序列简便计,以"杂件"列为小册的一大类亦可。

以上各种,凡其材料是值得永久保留的,则可改装成汇装。其材料过时无须保存的,则在每半年整理时,可撤销之。珍贵之书,则当用玻璃橱藏之。此书库亦应公开,供人参考,出借与否,可因人制宜。例若某人要作论文,而此民众圕即为该地唯一取材之所,那末应该准借其所要参考的材料,以尽圕的任务。

三 阅报室的管理

阅报室内第一样所不可以缺少的,当然是报纸。装报纸要用台,用架,或用壁杆,可依各馆的经济情形,和馆舍之大小而定。至于应备那几种本地报,及全国著名的报,则是要看阅者的兴趣和需要而定。现在将管理方面的重要点说一说。

1.报纸一到,切忌管理的人,自己先看,应当即盖馆章,即送阅报室陈列,将旧的收回。

2.报纸之外,尤须有可供参考的地图,一览,表格等,悬挂壁上。有许多表格,可以应事换陈,以供及时之需要。

3.每日最好将主要时事,选成像《时事新报》的附张简报一样,贴在阅报室内,令阅者注意本日的大事。

4.阅报室的壁上,能挂拍纸簿数本,供人要钞录报上某件新闻,或其他用,如此也可免除撕报之弊。

5.阅报室内,可多挂关于最近各国政治舞台上的主要人物的像片,或将几种有价值的讽刺画,剪贴出来。

6.我国内乱外患,年年月月有之,若能及时将在枪炮交战的区域地图,及双方的主将,放大成画,悬挂阅报室内,亦必能增加阅者的兴趣和注意。

7.圈内的布告,当然应该贴在布告处,但是要使阅者知道,何日,何时,何处,有名人公开演讲,学校举行展览会等起见,能够贴一分布告在阅报室内,则是最好不过的,因为阅报纸的人,终比阅书的人多。

8.每月可以换贴几条关于修身养心的格言,在阅报室的墙上。

9.阅报室开放时间,可定每日自上午七时起至晚间九时止。

四　儿童阅览室内图书的管理

民众圈是必须辟一儿童阅书室的主要理由,前已提及。民众圈既然要招待儿童,那末对于他们所要享用的图书,是应该怎样去管理呢?

(一)图书种类　各类儿童图书之应购多少,在图书选择章内,已经列表开示。总括起来,儿童阅览室内,图画比较书籍,尤为重要,这是因为儿童的天性,喜欢看图识字的。

(二)陈列方法　图书陈列,与儿童的阅读兴味,很有关系。陈列得法,颇能激起儿童之浓厚阅读兴趣,兹述其方法如后。

1.以陈列形式来分——有许多要平铺在壁架上的,有许多要悬挂在墙壁上的。综之使书之封面,均可为儿童直接看见,因为儿童的书,大概封面上,都有图的,他们看见了图,自然会引起无限的兴趣来看书。

2.以教育意识来分——

A"交互陈列法"——即将小说的书,与非小说的书,调和排列。使儿童不单看小说,而可以多看许多其他的图书。

B"学级陈列法"——这方法是将所有的书,按类并按浅深而陈列。这是既可使他们循序渐进的阅读,又可使智力程度高低的人,不致混杂乱取图书。

C"中心陈列法"——现在的小学校,每周都有一个中心,什么清洁周哩!礼貌周哩!诚实周哩!民众圈的儿童阅览室,即可依之来布置和排列图书。使既在校的儿童,来馆时受更深一层的印象。又可使不在校读书的儿童,也得到一种有意识的教育。

D"图示陈列法"——此法乃将架上或壁上所挂的书是什么,那末即依之画几张关于架上书之图,贴在架上面的墙上。例架上都是动物的书,那末就画几张狗,猫,牛,马等等的图,贴在此架上,用以来指示他们看书的途径。

儿童阅书室的图书,是应当有平铺,有悬挂的,但也可以将"交互陈列法","学级陈列法","中心陈列法","图示陈列法",随时轮用来引诱儿童读书的兴趣。此外对于挂图,画图,剪纸等,尤须随时更换。

(三)指导方法 对于儿童读书指导,是十分重要,所以可以时常举行——

1. 读书会——专由会员报告读书的情形的。

2. 讲习会——由指导员讲读书法,及介绍好书的演说的。

3. 故事会——专由馆员讲故事给儿童听的。

4. 竞赛会——如朗读比赛,写字比赛,剪纸比赛等。

5. 其他足以引起儿童研究某问题的集会。

(四)管理工作 凡图书的选择,介绍收受,登记,陈列,整理,剔破,修装,点查等,均为管理员的工作。阅览的书,亦可出借,惟须先由儿童的家长来请求,经调查可靠后,方依出借办法给以一借书证物,——竹筹,铜牌,卡片均可。每次可凭证物借书,借书数量,亦以一单位为限,日期以三天为限,每日借出之书,可单用簿登记登录。

民众圈为求管者便于辨别图书,认识图书,记忆图书,类集图书,排列图书;便于阅者易找图书,易认图书,易明图书,易用图书,易读图书计,所以管理图书者,决不可因麻烦而忽视上述各种图书的管理法。

第九章　民众阅读指导法

在这最近数年推行民众教育最激烈的时期中,常听到那实地干民众教育事业的人员这样说:一班民众对于阅读图书,是一点也感不到需要的,所以民众圕在城市里是可有可无,在乡村里简直是不必办。也常听到在办民众圕的人员这样说:到民众圕里来阅书看报的,除了仅有的几个天天来的老主顾外,其余大概是当地学校中的学生,一般民众们是压根儿不喜欢看书报的。这当然是摆在我们眼面前的事实,所以使那些亲历其境的工作人员,说这样肯定的断语。现在且来研究一下,为什么书中虽有千钟粟,书中虽有黄金屋,书中虽有颜如玉,而社会上的一般民众,仍不觉得读书自有乐,而来读书呢?考查他们宁舍弃了书中之粟,屋,玉,而愿终年劳心劳力地,在打算生命滋养料的原因有三:

(一)社会的原因　在我们中国做人过生活,是十分简单的,当然不必学富五车,才冠八斗,才可以做人。单叫有薄技在身,或能用手,或能用脚,出卖他的气力,他就可以过一辈子。写信可以请测字先生,发票不必开掣,帐目可以模糊的记在脑里,工数可以划记号涂在墙上。万一到一定免不得要签名的时候,重要的可以盖手印,平常的可以押十字。在社会里人与人的往来,帐的进出,都不必靠文字的记载,可以过得去的。因此工人单叫会做工,商人单叫会经商,农人单叫会种田,妇人单叫会看家,流浪者单叫会强凶霸道,就有饭来饱肚,衣来暖身,用不着读书识字。况且现在的时候,有许多读书的人,坐在家里没事做,吃空饭的多着呢! 这乃是"社会造成人不必要读书"的原因。

(二)图书的原因 一般民众,在事实上也不是完全不要读书的。试看他们遇着识字赚钱的先生们,终要自怨,从小不读书的苦,同时也深深的羡慕那识字的先生的便宜和愉快。若是劝他们读书呢,他们便会说,六十岁怎么可以学吹打呢! 这种自卑自怯的心理,当然由于上节所述的原因所致。但是读书一事,在他们眼中看来,简直是一桩极难的事的思想,也完全从这句话中流露出来了。他们为什么看读书是难呢? 其主要原因,还是在"书"。因为现在的书,大多数是不符合民众生活的,不可以切实应用的,使所读的书,与所过的生活,是风马牛不相及。所以书里边的粟,不是民众要的粟;书里边的屋,不是民众住的屋;书里边的玉,不是民众可得的玉。这与民众需要上,完全无关的东西,怎么能使他们感到乐趣呢! 怎样不会使他们感到困难呢! 这是"图书自身造成民众不必读它们"的原因。

(三)圕的原因 专为藏书的院,室,府,殿,楼,台,斋,阁,我们当然不愿它们再拥着保藏文化的美名,存在当今的社会里。可是对于负着教育民众,发扬文化的民众圕,若是也不过干一点静且死的图书工作,就以为尽其能事的,我们也是不需要的。试看现在的民众圕是怎样呢? 馆员一二人,多至六七人,图书数百册,多至数千册。日常的工作,是开馆,守馆,闭馆。馆员对于民众之来与不来,是不问的。来了也不问某也需要什么? 某也参考什么? 若有阅者来问,在他高兴时,则答曰:"自己去找"。若是这一问题,是扰乱他正在阅小说专注的精神,则会摇头詈声曰:"不知"。你若问他某书属于何类,他会说这是里边编目的人所知道的。你若问他因有什么需要,那末须阅何书? 他会这样很奇妙的回答你:"你自己也不知道,我非你,安知你要什么呢?"这种设备简陋,馆员又颟顸的民众圕,自然不会叫图书与民众接触起来,收图书以一当十的功,使民众得益的效果了。这是"圕造成民众不愿来读书"的原因。

一 民众阅读指导的重要

文字究竟是做人工具之一种,读书是获这种工具的方法,也就是获得人生知识之一种方法。现在要使一班已失学的成人,或未读书的民众,都迫切地来踏进读书的园地,得以充益知识,修养心身,增进愉快,利用文化,大家得其所哉,那只有靠民众圕的指导阅读工夫。因为阅读指导,可以使每一个阅者,引起读书的兴趣,获得读书的方法,增加读书的效能,养成读书的习惯。且分别可使工人看圕是工厂,商人看圕是商场,农人看圕是农田,一般人看圕是博物院,娱乐场,群贤毕至的会议厅。大家可以见所未见,会所未会,得所要得,求所要求的东西。依之,民众圕果真能干阅读指导的事,那末除阅者可以得利外,并且可以使——

(一)圕事业 民众圕,既然因指导阅览而使阅者咸得其利,于是民众会感到民众圕是寂居者的良友,失志者的慰师,无助者的佳伴,甚至会生读未见书,如得新知,读已见书,如逢故友,且书胜于友之感。民众养成了天天要来会良友的习惯,那末民众圕事业的需要和扩充,就不必要费九牛二虎之力去提倡,而自然会使馆门前,实现车如流水马如龙之热闹了。

(二)民教事业 民众对于读书的习惯已养成,读书的兴趣已浓厚,那末知识程度,即会因此而提高。知识一高,则其他的民众教育事业,自然会用理解去接受,迫切去要求。然后合作也,组织也,农业推广也,地方自治也,都可一一毫无阻力而能兴举哩!

(三)著作界 民众圕切实去干阅读指导后,自会明白什么书是民众需要的,什么材料是民众乐于阅读的。书中的文字应该怎样,思想应该怎样,编辑民众读物的一切原则和条件,都可由此而得。然后使著作家,可以藉之而编真正的民众读物,出版界可以多印真正的民众读物,民众圃也就可以多备真正的民众读物,民众们也从此可以获读他们书库内的宝册哩。

他若文明之藉以进步,文化之藉以发扬,国家一切的一切,都会因之而演进和提高。所以要使感不到读书是必要的民众,一变而为喜欢读书的民众,那只有靠民众圃去指导阅读,养成他们读书的习惯,使民众圃成为真正的民众大学。

二 民众阅读指导的原则

民众圃的书架上,排列了大的,小的,厚的,薄的,深的,浅的,各类各科的书,是不会每一册都合每一个阅者的口味,因为阅者的兴趣有不同,职业有不同,而且架上的书,也不是为每一个阅者所能全读的。有的精力有限,有的时间有限,那末在解决指导民众应该读些什么书,及用什么方法去指导之前,当定几个原则来做根据。

(一)根据民众的程度 到民众圃里来的民众,程度是不一的,有的是略识几百字;有的是私塾念过《大学》,《中庸》,有的是高等小学毕业,有的是初中读过一二年,有的也许是老学究,新学家,程度很高的。这样参差不齐的对象,决不能与学校里的课程一样,大家用一年级或二年级的教本。若是将《三字经》给老学究读,《历史研究法》给高小毕业生读,他们定都会感到不适口,所谓牛头不对马嘴,是不相称的。因之阅读指导的第一个原则,就是要依照各人的程度,去介绍图书,去指导读法。

(二)根据民众的需要 将渔猎的书,去介绍给干绸布业的人看,将银行簿记,去指导缫丝工人看,他们决会因不适合他们的需

208

要,而感到乏味,不生兴趣的。所以投其所好的原则,是十分要注意的。所谓需要要从两方面讲,一种是于职业技能增进上有关的需要,一种是做人基本的需要。所以在指导阅读的时候,一面果然尽量介绍与阅者职业上可以补助的书,同时也应该将做好公民,以及普通常识的书,去指导阅读,使其可以触类旁通。

(三)根据民众的年龄 年龄的大小,与阅读的记忆的能力,兴趣的浓淡,是很有关系的。试看过去民众学校的千字课,为什么引不起民众研读的浓厚兴趣呢? 那当然有很多的原因,可是千字课的材料和思想,大都是儿童的玩意儿,什么踢毽子哩! 拍皮球哩! 这种材料,在成人眼中看来,是在开玩笑,依之读书兴趣就淡下去。再看民众学校里有一二十岁的青年,有三四十岁的壮年,若是他们一起来读这种材料,青年的一定会比壮年的读得快,这当然也是和材料有关,可是壮年人因为脑中世事复杂,于是记忆的能力,遂较年龄轻的青年,来得薄弱。因此根据年龄的大小,来指导阅读,也是一个应注意的原则。

(四)根据民众的时间 工人,农人和商人,每年有闲的时间是不同,每天空暇的时间亦不同。丝厂里的工人,和手艺的工人,有空的时间又不同。各种人所有的余暇,既然每天是不同,那末介绍什么书,和应用什么方法指导,亦依之而不能相同了。一个每天不过空一二小时的工人,和一个有四五小时余暇的工人,在图书分量上的介绍,就应当有差别。某人可以指导他用精读的方法,某人可以用略读的方法。或者要使二个空余时间不同的工人,同读一种基本的书,那末时间富裕的工人,可以使读材料较多的一册,时间很少的工人可以使读某书的节本或菁华本。所以民众空余时间的多少,也是一个指导阅读所宜根据的原则。

(五)根据时事地的差异 除了上面所定的四个原则外,担任阅读指导的人,所尤宜注意的,就是要根据时间的不同,事件的不同,地方的不同,而定适当的指导方法。同一人焉,在愉快时和在

愁闷时,就须有不同的指导法以应付之。抗日救国和刑事诉讼,两
件事也当有不同之材料以指导之。家庭访问时的阅读指导,或在
研究会中的阅读指导,须因地方的不同而用不同的方法指导之。
所以因时,因事,因地,而来制宜指导,也是一个重要的原则。

三　阅读指导工作

阅读指导的原则既定,那末来谈一谈阅读指导员,向民众实施
阅读指导之先,须有何种的准备工作。

(一)编制目录　目录是开图书宝库的钥匙,所以民众圖是必
须备的。图书目录应该怎样编?在第七章里,已经详细说明,不再
赘述。

(二)编制索引　名词索引,创自日人,与英名的 Index 同。今
燕京大学设"引得"编纂处,此名词"引得",乃取 Index 字之音义
兼译。不论"索引"或"引得",其意乃谓将图书内容,凡有名可
治,有数可稽者,选为条目,于目下注见某书卷页,依字排比,列为
一表,俾吾人按图索骥,因名求要。所以索引,实为分析综合的工
作,不仅为编制一纸指定参考所及之材料之所在处,亦所以注重材
料之本质,及其表现的方法。此与以书为目之"书目",以记先后
之"目次",以序排比之"序列",绝然为不同的事。

编制索引,必须有伸缩性,以便于日后重排,或扩充范围之用。
其编制步骤为——

1. 选目——选目是在书中选出材料之应入索引,并选定题材
所归的目标。一目经选定后,在标目之下,当作一记号,以示采用。

2. 成目——将选定的标目,编稿成目,依次书于编索引的纸片
上,再检页数的次序。

3. 整理——将各标目的纸片,列入依字顺分格的排字匣内。

4.编序——将各目依字顺排列起来,遇有同的,归并在一片上。凡同标目的各目,亦须归列起来,标明检版的格式,加入或重订引照之片。

5.校订——校对已编序的各目,是否有错误。

6.增改——遇有书籍之重订或增订者,应将以前的索引片保留,以便与书内的页数,校对更改。

索引对于搜求材料,查考卷据,研究问题,读书札记,皆有莫大的功用。今人欲以有限的精力,治无穷的学问,若非有系统的索引,则必不能以简御繁,即求即得的。所以圕欲使阅者,治学可以便捷,则必须编制极完善的索引。

(三)图书介绍 民众圕要使胸无成竹的阅者,有所遵循来阅书,那末图书介绍的工作,是每天应当干的。若因时间的不足,则可以每日介绍一书,将该书的内容,约略的写在一张较大较醒目的纸上,或贴在一方小木板上,放在桌上。或将此内容大要单,悬挂空间,使人注意去读该书。

(四)杂志要目提示 将新到的杂志,凡其中有合时合事的文章,就当一一详列要目,提示阅众。

(五)新书内容摘要 民众圕最好是每月添购新书一次,将此种新书,不要在一时全部陈列出来,竟可分期陈列。每次将书陈列在阅书桌上时,须将各书的内容摘要,贴在一块牌上,悬挂在陈列新书架之上。

(六)印发民众必读书目单 民众圕为便利无暇来馆,或不常来馆的阅览者起见,那末每周或每旬,可印民众必读书目单来散发。单上须注明各书的书名,著者,出版处,价值,及内容大要。

(七)加图文单 图画是能吸引人的注意力的,简文是能耐人深味阅读的,所以馆员若能将一书的内容,用具体画来表明,其下再写上几句介绍该书内容的话,将此单夹在书的封面上,将书悬挂在墙上,或陈列在桌上,这样是很会吸引阅者的注意的。

（八）加注线　这是多数阅者的普通心理,凡看见书之天地头有注解的,或正文中有划线的,他们必会先注意而阅读之。所以阅读指导员,能用正确的眼光,不偏不倚的判断,将书中之颇值得人人阅读的几处,或写正楷之注解于书之天地头上,或用红色笔在文之旁边加划线,如是则凡书中之菁华,都会使阅者享受。这工作做在瑕瑜互见的书上,更为妥当。因为若将好的材料,多加划线,民众的注意力,自会在有线和无线上,分别出强弱来。这样凡书中的坏处,因阅者的不注意,其不良影响,自然会改少。

（九）中心陈列　圈的图书,排在架上,是有一定的方法。可是为了要使民众特别阅读有关于某事之书,则图书中心陈列,是一个很好的方法。例要使阅众都研究"抗日救国"的问题,那末馆内就应该将关于抗日救国的书籍,从原来的架上理出来,按研究抗日救国的小目,分别陈列在书桌上,一桌上可陈关于"日本研究"的书,一桌上可陈关于"东北四省"的书,另一桌上可陈关于"中日关系"的书。如此陈列,使研究者,有路径,有办法,若是壁上再加贴某某中心陈列的大广告,以及图画,标语,与图书连锁的陈列,使阅众一踏进阅览室,就会坠入"抗日救国"紧张的空气中。

四　指导用书法

书大别之有二种,一种是阅读的书,一种是检查的书,后者乃是学习前者的工具。在自由研究制度之下,或从事自学自习的,必须要有运用工具的训练,然后无师可以自成。民众到民众圈里来,在事实上我们不能一个个的个别去指导,所以能将几种检查用的工具的使用方法,使大多数阅者知道并利用,是很必要的。民众圈要使大众知道,可以随时应用的工具有——

（一）目录的用法　这里所谓目录,是指两方面的。一是馆中所备的卡片,书本,和活叶目录的用法。一是指其他的书目。

1. 指导利用卡片目录法——书架卡片目录的排列,标准,检查方法,字典式目录的编制,和排检的方法,均须详细编成说明书,并举使用实例,或装在镜框内,或贴在目录柜旁的墙壁上,使阅者可以循法检查。

2. 指导利用书本目录法——馆内若将所有图书,印成书本的目录,那末在阅书室入口的签名桌上,存放一二本。在每只书桌上,亦可放一本。若将一册分类拆散,各自另装封面,标以类名,挂在各该类架上亦可。这书本目录的如何编制?如何检查?亦可详书一张大的说明书,贴在适宜的墙上,使众周知。

3. 指导利用活叶目录法——活叶目录,最好每类自成一册,放在一处,或放在各桌上。此种目录之编制方法,及检查方法,亦须备说明书,使阅者省时省事,检查图书的所在处。

4. 指导利用其他书目法——书目的种类甚多,范围亦很广。民众圕可以备全国各圕的书本目录,用以指导民众检查其他圕有什么书。可以备各科书目,用以指导民众知道每种学问有些什么书。可以备各科指导书目,用以指导民众研究某种学问,最低限度,当阅多少书,并且使知何书当先读,何书宜后读。此外,可以指导民众利用参考书目,论文书目,附刻书目,新出书目,来翻查,来参考。

(二)索引的用法　用有限的脑力,来记忆无数的书籍,决不是一件可能的事。所以图书要有索引,杂志要有索引,日报要有索引,圕要备种种的索引,供阅者的利用。对于指导利用图书,杂志,日报等的索引,则当注意索引的地位,内容,编法,格式和排列等。如是使查者,可以知道索引地位的前后,名称的多少,排列的次序。圕若自编一种论文参考索引,例民众圕论文索引,则必须将凡关于民众圕的论文,均列在此标题之下。果如是,那末应备一张索引编制及检查方法表,使阅众可以依法检查。索引的功用,比目录更大，所以此项指导工作，是不能轻视的。若是阅者平日多注意，并认识各种图书，杂志，及日报的索引，则将来要应用的时候，便可随忆随找，即找即得，于研究学问的补助，裨益实大。

（三）普通参考书的用法　圕指导员，对于普通参考书的用法，应当指导民众明了，如字典，辞典，百科全书等。指导用字典之法，先要使用者知道书本的出处，内容的材料，编制的体裁，字数的多少，字注的方法，排列的次序，附录的图表，然后教以检查的步骤。指导用百科全书之方法，则先要使用者明白，此百科全书内容的多少，总目的详简，编序的顺次，然后教以按编查目，按目查页，按页检材，顺次做去，自无困难。若阅者来问某字或某事时，则当指以找某字则用何种字典，找某事则用什么百科全书。故充当民众圕指导员的，对于各种类书的编制，内容，和查法，当完全熟识了解。

（四）单元参考书的用法　大中学校圕内，除普通参考书外，还有教员指定课程参考书。民众圕虽无课程参考书，但须有单元参考书。所谓单元参考书，就是将关于研究某单元问题的书，另架陈列，供读书会会员，或加入研究某问题的阅者应用。指导参考利用此种书的方法，第一须将单元问题，详细分析。第二须将各书内容，详细分析。第三详开一单，指定问题之某部分，当参考某书之某章某节或某某页。并须将参考各书的先后顺序，亦依次开列，公布示众。

五　指导读书法

到民众圕里来阅书的民众，大半是漫无目的，因之滥读各书，将仅有的一点宝贵余暇，不能适当利用，这是各民众圕所有的普遍现象。所以指导读书的方法，是民众圕要收最大教育效能的一件

重要工作,民众圖应用各种方法,指导民众读书之前,须先使大家明白的,有三点;

第一点——使阅者认识书的组织。如封面,书脊,书根,书名页,序跋,目次,图表,正文,附录,索引,版权页等等。

第二点——使阅者明白读书的方法。如有应重思考的,有应重记忆的,有宜随意浏览的,有宜详细研读的。精读的方法,如胡适之先生所谓之四到——眼到,口到,手到,心到。眼到要留神;口到要熟读;手到要翻字典,查参考书,节录精华,札记大要;心到在读前要将工具备完全,读时要依书之性质,及读之目的,而用适宜之方法对付之,读后要默念,神思,会意,应用之。

第三点——使阅者都能注意,如何可以开卷有益?则须养成习惯,博览群籍,辨别轻重,融会古今,吸为己有,一生享用。应略读之书则略读,应一读之书则一读,应再读之书则再读,应三读之书则三读,应常读之书则常读。

民众圖指导民众读书的方法有:

(一)讲演会 每周或每旬,馆内可以举行读书讲演会一次。开会时可以讲圖的利用法,可以讲目录的检查法,可以讲普通读书法,可以讲某书的精读法,可以讲其他关于读书方面的种种问题。讲时须印发关于讲题的内容大要,使听者不致毫无头绪,不能记忆。若馆内每半年有规定的顺序讲演,则每次的题目,可以连贯,每次的大要单上,可以印明第几讲。若一馆在半年内举行十五次讲演会,某阅者不间断常来听讲,则不啻得一十五页的读书法之讲义,可以随时翻查应用。

(二)辅导班 如何使一字不识之民众,亦能逐渐来馆阅读图书,这是民众圖所宜注意的一个问题。由看图而要识字,由要识字而进民众学校,由民众学校毕业而即能来馆阅书看报,照事实看来,是不可能的。因之怎样能养成这一班学生,有阅书看报的兴趣,自学自习的能力,那末在其间,必须设一桥梁,使从完全被动的一端,引到完全自动的一端,那只有设立阅读指导班。无锡江阴巷实验民众圕曾将该馆的初级识字班,升入高级识字班,再使之升入阅读辅导班,俟在辅导班内,逐渐养成了可以自动学习的能力和用书方法,然后令其加入读书会,去阅读讨论。辅导班的办法,是由指导员先根据各班员的能力,选定了几套书籍,使各班员在几套书内,各自选书,在规定指导的时间内,大家聚集,来默读,笔记,查字,注解,答问,摘要。例如有生字疑难不解时,难题不能作答时,即扎录在规定的纸上,或空留在纸上,到自己实在不能解决时,则由指导员辅导之,代其解决。此法经四个月的试验后,在十五人中有五人已能用字典,会自学,作笔记,借阅馆内普通的书籍。这种指导方法,似乎很费时间,但若以四个月初级识字班毕业,四个月高级识字班毕业,再经四个月的辅导班,即使他们能自学自习,而可比得上在学校内读了初小五六年级的学生。此成效与费时的比价,实在是大值得的,愿民众圕之工作人员,都注意此法,采取应用。兹将江阴巷实验民众圕读书辅导班所用的表格,选录三种,以供参考。

1. 读书笔记纸(此纸在辅导班集合阅读时用)

无锡江阴巷实验民众圕读书辅导班笔记纸			学生姓名	
书名		著者	何类书	
页数	阅读时数	进辅导班后阅读笔记第		书
生字				
疑难词句				
阅后问答				

216

2. 读书问题纸（此纸是班员自学自习时用）

无锡江阴巷实验民众圖读书辅导班读书问题纸		学生姓名	
书名	著者	全书页数	
问 题			

3. 成绩考查表

读书辅导班阅读成绩考查表　　　学生

第次 \ 项目记载	书　　名	类　别	页数	阅读时数	生字 自解	生字 代解	疑难词句	阅后问答	成绩评定
阅书总数	平均分数	全班人数		等第			指导员		

（三）读书会　顾名思义,会名读书,那末当然讨论读书的问题了。所以各民众圕,对于阅书民众,都有读书会的组织,各馆所组织的读书会工作,竟可有多有少,但是对于学级指导一项,是不可忽略的。要晓得加入读书会的民众,在环境上,职业上,程度上,需要上,天赋上,都有不同,我们应当为各会员编制一套,各种学问都包含的,由浅入深,由简而繁,依次阅读的课程,使会员得到有系统而实用的知识。依之读书会会员,对于学级指导,所应干的工作,有阅书,写作,和研究三项。江阴巷实验民众圕对于读书会会员三项工作的管理是——

1.阅书——每会员每月至少阅书三册,其中小说只限一册。书选定,经指导员审可后,方可阅读。每读一书,须将大意,作成笔记。

2.写作——每会员每月至少作文一篇,题材可取自生活记事,阅书心得,及时事感想等。

3.研究——每会员每月必须研究一个问题,并须利用参考书,俟研究完成后,则出席每月举行一次之会议时,报告研究心得等。

馆内指导员,即将各会员的工作,每月考查勤惰一次,以资鼓舞读书兴趣。

附江阴巷实验民众圕读书会会员笔记簿式

书名			著者		出版处		
全书页数		何类书	阅读起讫日	月月	日起阅日阅完	阅读时数	
笔记摘要							

（四）研究会　将比读书会会员，程度更高，兴趣偏于某种学科的阅众，再组织各种研究会，如文学研究会，政治研究会等。民众圕对于这种研究会的指导工作，是调查和搜集材料，编成参考书目，印发会员。并将所有之参考书，须另架陈列，若依应读先后排列则更佳。研究员亦须作笔记，札心得，在每月开会时，报告经过，倡出讨论。一个问题，经各会员讨论，得到相当结果时，即编成某问题研究结果报告单，印发各会员保留，单末亦可附列各参考书书目，供随时考查用。

（五）通信指导　有许多离馆较远的好学者，在他们住居的四邻，也许得不到可以读书的指导员，那末圕可以备一种质疑笺，卖给他们，使每次有疑时，可以按法填记，邮寄来问，馆内指导员，可依问作答寄复之。

六　引起民众阅读兴趣的方法

民众圕应如何引起民众阅读的浓厚兴趣，亦为与指导阅读有关的事项。故略举几个可以采用的方法如下：

（一）个别谈话　这是最能了解各人的需要，程度，和能力等的一件工作。指导员可以因势利导，因人对付，去获得他们的同情，来鼓起读书的兴趣。

（二）剪贴布置　民众圕可以时常将日报上，或画报上的材料，剪裁下来，编成一有意识的图单，张贴在阅览室内。或每月将室内布置改换一新，使阅者醒眉目，藉以增进读书兴趣。若新书之有封面套的，套上若有画或文，亦可剪贴示众，使阅者油然而生先睹该书为快的兴趣。

（三）读书竞赛会　民众圕每月或每二月，可以举行关于读书方面的竞赛会一次，若写字比赛会，作文比赛会，阅读比赛会等。

将成绩优良者,给以奖品,并将该项成绩,悬挂或揭示在馆中阅书室内。这样使优胜者,可以精益求精,平庸者,可以努力求进。此于读书兴趣之引起,实有大助。

(四)图书展览会 民众圕可以每三月或每半年,开图书展览会一次。其内容或展览关于某职业所用之书,或展览关于某科学所用之书,或展览古今,中外,浅深,大小,各式各样的书。陈列时,如按类布置,且再注明这是职米业者当阅之书,这是做木工的人当阅之书,那末民众来馆参观时,大家可以见到他们自己应看的图书,藉此可以引起阅读的兴趣。

(五)读书运动 运动是大规模的举动,所以比较费时费力,民众圕每年可以举行一次。举行时,可以贴标语,发传单,公开演讲,印送书目,将过去一年的借出各类图书数量,借阅人借阅图书比较,读书会会员的工作,研究会的结果,以及其他各种统计,制成图表,揭贴馆内同时可以招收馆内各种组织的会员。综之,使全馆是充满着"人必读书"的空气,使馆之全区内,亦充满着读书重要的空气,来引起大众的阅读兴趣。

(六)开映圕影片 要使民众知道读书的必要,和引起他们的兴趣,则每年可以借或租映关于圕事业的影片一二次。若借映欧美各国圕事业的写实片,则定会使民众企慕而到馆内来阅读,民众圕内,若无大礼堂,则可借公共场所来开映。若能力不够单独去办理,则可以联络社会上其他机关去合办。

指导民众阅读图书,是真正转变藏书楼为图书馆的一桩主要工作,故愿职民众圕的人员,万不可再忽视之。

第十章　民众圕之推广事业

民国十九年春,曾为无锡江苏省立教育学院拟了一个江阴巷实验民众圕的三年进行计划:其主旨是"以民众圕教育为中心,以图书为出发,为进行,为归宿的轨辙,因人,因事,因地,因时的需求,逐渐推行民众教育的事业"。因为有推广事业,及各种民教事业之举办,所以当时免不了有许多人的批评,以为这是完全和民众教育馆办法类同的计划,可是在我的心目中,认定了以为民众圕教育为中心的途径,是施教者有一定的步骤,受教者有中心的认识。与以民众教育馆来办民众教育事业之入手和进行,是不同的。现在我们若是翻开美国圕协会出版的《圕与成人教育》(Libraries and Adult Education)一书中的报告来看看,就可知道他们的民众圕的事业范围,是多少广阔。据他们调查委员会研究的结果,认为民众圕有九点,是应当特别注意的。

1. 须负直接指导,并辅助个别读者和学生的责任。

2. 须负报告关于本地成人教育事业设施的消息。

3. 须将圕的有组织且完善的工作,去辅导其他成人教育的机关。依之,藉以十分明了各机关的内容,然后用互相合作的精神,来设施适应各该机关人员所需求的学问。

4. 须聘请有专门训练和学识丰富的指导员,来担任阅读指导的工作。

5. 须增加和扩充各种图书纲要的内容和数量。

6. 须编印适合民众应用的读物。

7. 须与儿童圕馆员,小学教师,及学校圕馆员,切实合作,以引起儿童喜阅图书的兴趣,养成永久爱读图书的习惯。

8. 须联络和集中全省圕事业,使任何读者,到任何地方,都可得到图书阅读的便利。

9. 须增加民众圕的经费,以应专门学者与苦读学生的需要。

再看他们对于圕事业的六项建议,和对圕成人教育董事会的十项工作,更可了解民众圕是什么? 民众圕事业的范围是怎样? 民众圕推广事业是应当如何努力去设施? 他们对于圕事业的六项建议是——

1. 圕董事和圕馆员,应当根据各地方的需要,各馆的经费,和各人的经验,酌量去举办成人教育事业。

2. 设法要求圕董事会或其主管机关,增加圕推广成人教育事业的经费。

3. 圕馆员,学校教员,成人教育专家,大家联络合作,凭各人的经验,来讨论决定民众读物的种类,以及内容,体裁,编辑方法,叙述文字,篇幅长短等。然后要求出版界,负起对于成人教育应尽的责任,来印刷出版。

4. 小学教师,学校圕馆员,和儿童圕馆员,应该知道他们在成人教育上的重要责任,去努力于养成儿童青年的良好读书习惯的工作,以为将来成人时,因已富有爱好图书的习惯,而会自学自习,以图上进。

5. 圕学校和圕教育董事会,是可以设法增设圕成人教育的课程,在各圕学校的课程内。圕协会也可计划开办圕成人教育人员的养成所。

6. 全国应设一圕成人教育董事会,使有一个永久的机关,去继续研究和办理圕成人教育的一切事宜。

在目前圕成人教育董事会,有十项工作,是应当干的。

1.继续发行会报,以之介绍并传布圕成人教育的新方法和新趋势。

2.编印圕成人教育办理指南,其中可有各种圕成人教育事业的办理方法,规程和表格等,以应实用。并须随时印发,关于成人必须阅读的书目。

3.圕协会的出版委员会,和圕成人教育委员会,应切实合作,根据研究所得,订定各科书目的内容和种类,随时出版。原来有的各科指导书目丛书,亦应增加出版,以供民众应用。

4.应指定几个圕去试行各种成人教育的事业,每桩事业,应继续实验四五年,俟获得良好结果后,则公布于世。至于这种试验的材料,调查委员会,可以随时供给。

5.举行关于养成读书习惯的试验,从这试验中,既可使教员和阅读指导员,得到编辑读书纲要和各项书目的材料,更可编印关于读书法方面的小册子,散发民众。

6.可以试办读书考试,及学分制度,藉以鼓励民众读书求学的兴趣。

7.现在美国尚有一半民众,享不到圕的利益,所以各地圕成人教育董事会,和教育当局,应该通力合作,继续研究流通图书的方法,使离圕很远的民众,亦得有书可读。

8.圕当尽量供给在百万以上的函授学校学生,使有书可利用,可参考。

9.圕成人教育董事会,应与全国成人教育机关,切实联络,研究如何为阅者服务,供给图书,并须与其他各机关领袖接洽,以求供应图书合作的方法。

10.最重要的,就是要引起圕馆员,圕董事和教育当局,对于圕成人教育的注意,使他们知道,圕也是一种成人教育机关,应该举办各种成人教育事业。若是圕果能力行这种计划,引导民众,利用图书,以求长进,那末这种新进的“大学”,不患没有“学生”了。

所以美国的圕工作,是不但在馆内尽指导阅读之责,并且也注重推广事业,如家长教育哩!儿童教育哩!青年教育哩!工人教育哩!大学毕业生教育哩!以及其他可以为最大多数谋最大读书幸福的事业。

我们看了他们的报告,建议和事业,就可以明白以民众圕教育为中心,来实施民众教育事业,乃是办理真正民众圕所应走的途径,应有的方针和应尽的本分。

一　民众圕必须办推广事业的理由

(一)民众圕的本质　民众圕是为大众而设立的;是为大众谋读书出路的;是要以图书为出发,为进行,为归宿的轨迹,来施教的。要达到这种种的目的,来显出民众圕的功能,那末推广事业,决不是它的附设或兼办事业,实在是它本质上所含有的应办事业。既是应办事业,所以是必须办的。

(二)时代的要求　总计我国普通圕,民众圕,社教机关附设图书部,和阅书报处,凡此种种,可以使民众与图书接触的机关,充其量不过二四三四个。它们的藏书是很有限,它们的工作是很呆板,怎样可以去供应数万万嗷嗷待哺知识荒的民众呢?因之现在的民众圕,和民众圕里所有的图书,皆须以一当百万千的去施用,然后或许可以收一点民众圕教育的功效,所以要应时代的要求,民众圕就应当努力于推广事业的。

(三)实验文字教育事业设施的一套　文字教育的各种事业,是都脱不了圕的。现在要使文盲,由不识字而识字,由识字而用字,由用字而不餍的以求知识,这种领导迷途者,由远郊至门外,由门外而登堂,由登堂而入室的一套循序渐进有意识的教学工夫,就是完成文字教育事业设施的一套,也就是民众圕推广事业成功的路径。

（四）是联合民众教育机关的方法　在一个城区里，向民众实施教育的机关，除民众圃外，尚有民众学校哩！民众茶园哩！民众教育馆哩！苟使大家各自为政，陌不相关，则非但于民众教育事业的推行上有隔阂和重复，且因重复而浪费，此于受教的民众，也会弄得莫之所从。现在的民众圃，是各种民众教育事业有关的主要工具，那末自然应该与其他民众教育机关联合起来，集中力量，来推行民众教育，各以其长，补人之短，互助合作，使收宏效。所以民众圃的推广事业，就是为联合其他机关的主要媒介。

二　设施推广事业前应有的准备

凡事必须有相当的认识，然后可以有相当的计划，有了相当的计划，然后可以有相当的准备，有了相当的准备，然后可以胸有成竹，坦然处之。民众圃要干推广事业，也决不是可以随心所欲任意所为，如焚烧野草然，在这个地方放一火，到那个地方放一火，不问其进行是如何，不问其结果是如何，点过了火，就算了事的。所以若要将推广事业，干得经济，而且可以收获良好的结果，那末事前当有三种准备工作。

（一）调查工作　调查是达到认识的路径，例民众圃在某地要办阅书报处之前，须先调查，该地共有多少民众？男女老少各有若干？识字与文盲之比例是如何？职业的不同是如何？风土人情习俗是怎样？以及该社会的经济基础是怎样？都须有一个普遍的认识，然后可以对症开方，药到病除，立见效用。

（二）预定计划　例民众圃要在某处举办流动教学之前，已有了调查的结果，那末就应当根据实情，拟定切实计划，如时间的支配，材料的采用，教学的方法，如何可以引进民众自学自习的步骤等,均须先有一个规定的办法。

（三）备置工具　既根据了调查的结果,预定了实施的进行计划。那末对于此项事业所应备的一切工具,也当早为准备,使不致发生临时不及之弊。

三　十八种推广事业的办法

民众圕推广事业的范围很广,现在只列举我国民众圕,可以举办的,以供各民众圕依照馆之经济,和人才的能力,采择推行。

（一）壁报

1.目的——藉以传布世界,国家,和本地的重要时事。报告本馆及民众教育机关的消息,养成民众阅报的兴趣和习惯。

2.编法——不应直钞报上所载的时事,应由编者每日详细阅后,加以整理,自撰简短的消息。每次编时,须录底稿,使每日可依联贯性去编撰。壁报上文字,要写正楷,约二英时面积大。重要标题之字,须加倍大,用颜色写。标点要清楚,排列以直行为妥,报纸大小,可与全张日报同。

3.地位——在城市的,可在通衢要路,往来便利之处,能有站立阅读的余地,可以避风雨者。在乡镇者,贴在茶园内较好,因乡镇之民众,一到下午,大多聚在茶园里来谈天,听说书。所以将壁报贴在说书台后的墙上,是最适宜。若能在说书未举行前,用十分钟去解释壁报上的材料,尤为得法。

4.出版——日出一张,按时揭贴,切忌一暴十寒,任意脱期。

5.注意点——若同一城市里,有若干民众教育机关,每日大家有壁报出版,则地点的分配,材料的选取,均须有一个规定。

6.用品——壁报架,存稿簿,报纸,颜色,墨水,浆糊,笔砚,浆拭帚或图画钉。

（二）询问代笔处

1. 目的——要为不识字的人，代写书信便条等。为不明事的人，解惑答难等。藉以鼓励并促进民众识字读书的欲望。

2. 地点——在馆内，或随流动书车出巡时，均可实施。若馆内人员多，则在每日赴指定地点去实施通俗演讲时，亦可实施此项工作。

3. 办法——根据所定问询代笔的办法，随时接受办理，一概不收手续费。但信纸信封等，或由请求者自带，或由馆中代办出卖，切忌随意赠送，因为这不是布施的机关。

4. 范围——问询代笔，要有规定范围。大概问询方面可干的，为解释难字，解释文句，代阅书信，代算帐目，指示普通的事情。代笔方面可干的，为写书信，便条，柬帖，契约，发票及楹联等。

5. 注意点——在询问代笔处，不宜用"你要写书信吗？请到这里来！"的招牌。最好能画一幅包括代干各事的图画，其旁加几个字说明之。如是方能使不识字与识字的，均能明了。

6. 用品——图画，招牌，记载簿，起稿簿，信封，信笺，日历，算盘，字典，尺牍，日用百科全书及笔墨砚等。

（三）固定巡回书库

1. 目的——巡回书库，是使不能来馆之人，亦能有书可读，而达到图书以一当十，以十当百的功效。

2. 地点——可以设立巡回书库的地方很多，如小学，如茶园，如工厂，如家庭，如澡堂，如监狱，如兵营，如医院，如理发店，其中尤以茶园，澡堂，工厂及小学，急须办理。

3. 办法——不论设立在何处，第一终须先与设定之处接洽妥当。然后馆中将巡回书籍，加意分配。其数量可在五十册左右，存放一小书橱内，连同目录单，统计簿，图书收受清册，送成设立之处，若同时在四个小学内办理巡回书库，则每月将各处书库，挨巡一次。此乃最便利之法，因只叫在要移巡时，馆员与巡回处管理员,一面点交,一面收受。对于小学巡回书库管理员,可用一种奖励办法,使彼热心服务,乐于工作。

4.注意点——若有各种不同巡回书库的设置,则于图书的选择上,复本的备置上,都应有一详细的计划。

5.用品——巡回书箱,借阅图书,登记簿,图书目录,图书收受清册,笔,墨,及巡回招牌等。

(四)流动书库

1.目的——这是要实现以书找人的原则,使在公共处的游览者,使闲站柜台的店友们,使在街坊熙攘往来的民众们,均得与书有接触的机会,同时圍可以宣传服务,招徕民众,来馆阅读。

2.地点——凡民众集聚之处,如公园内,船户码头,火车站旁,露天游戏场里,均可将流动书库送去。

3.办法——或用书车,或用书袋,或用书牌,装通俗之图书一二百册,送往各地,劝人阅览。若阅者是在店铺内的,可以实行出借办法,在下次出巡时,可以收回所借之书,或令其早日来馆归还,此为吸引民众来馆阅书之一法。书库巡回到一地时,若有阅者,至少要留一小时,同时可以举行露天演讲,答问代笔等工作。

4.注意点——若某人颇诚心欲借书阅读,则不妨将其姓名,住址,职业,年龄等钞下,用无保证的办法,将图书借彼阅读,向其指导一番,并限其几日内交还馆内。江阴巷实验民圍二十一年上学期,曾出巡十六次,每次出借图书二三册,结果并无借出不还的弊病。还有一点须注意的,即出巡图书的标准,照我们实验的结果是:

A 多色彩图画,且装钉精美者。

B 在一小时以内,可以阅毕者。

C 内容富饶兴趣,文笔生动者。

D 不超过巡回区内之民众程度者。

5.用品——装书具,折凳,流动书库,记事簿,借阅图书登记簿,旗帜,雨具,笔,墨,并可带宣传品。

（五）旅行书库

1.目的——在解旅行者的寂寞或无聊中,使民众脑海里,深印着民众圈工作的普通和周密,而引起读书的欲念。

2.地点——现在可以设施这项工作的,若本地开往短距离,当天往来的小轮或民船上。

3.办法——可与船上的帐房,茶房,或老板接洽。用一只书箱,内存薄册书,至多五十本。在开船前一小时,送往船上,托彼等代为管理,在船开动时,可以将书箱开放,摆在乘客之中,任人取阅,不必有出借手续。但在每书的正文第一页处,可以插一张统计单,要凡取阅的人,作一如单上所规定的记号,或请阅者签名,以作统计之用。每晚船返时,可以将书箱收回。此法在河流多,交通便的地方,很可实施。

4.注意点——每日送收,乃使管者便利。同时每日可以调查来往乘客凡若干,其中阅书者占若干。

5.用品——书箱,图书等。

（六）代借图书处

1.目的——使远离民众圈的读者,不因往返不便,而无书读。

2.办法——先由馆方请定,在设立代借处之某热心服务,好读图书的阅者,代馆收受该地附近民众,将要借阅的图书单,每周由该人汇齐,在规定时间内,馆中差人去收,然后依各借书单,配齐各书,送往代借处,交代借人分发。

3.注意点——对于代借图书经理人,若工作良善,则每学期当酌给奖励品。馆中若无书本目录,则当将可以出借的图书,钞成或印成目录,存放一二份在代借处,使众按目借书。

4.用品——目录单或书本目录,借阅图书单,某某民众圈第几代借图书处牌等。

（七）函借筒

1. 目的——与第六同。

2. 办法——乡镇用流动书库去出巡,则嫌太远,同时也找不到适当的代理借书人,邮递又是不通,但自行车或小轮可以通行的,那末就在该处设一函借筒。将可以出借的图书目录,每月揭贴一张在筒旁,凡该地要借阅之人,均可按目填单,投入筒内。馆中去收时,再贴一张何日何时在此发书的布告。返馆将单上所填之书整出,即于规定之日,前往分发。发时再公布于何日何时前来收书单一纸,如此办法,虽较冒险,但于穷乡僻壤的民众,经费拮据的圖,咸得利益。一则可有书读,一则可多尽服务民众的职责。

3. 注意点——当第一次发书时,当详询借者的住址,职业等。若毫无着落的流浪者,则可不如所请。

4. 用品——函借筒,目录单等。

(八)通信借书

1. 目的——与第六同。

2. 办法——先规定通信借书办法,凡愿遵守馆定的办法,办妥了手续,则发通信借书证一张,出借图书目录一册。借者于每次借书时,须将证寄馆,馆中将书检出寄送前,将证留馆,俟书还清时,将证寄还。或不将借书证寄往,单凭盖有私章之信亦可。

3. 注意点——凡是通信借书之人,馆中可向借书人取存洋二元或三元,代存在银行里,作为书押及邮资之用。在初填声请书时,须盖印鉴并签名。

4. 用品——通信借书证,通信借书人帐簿,目录等。

(九)阅书报处

1. 目的——藉阅书报处来推行馆内各项民众教育事业。

2. 地点——选择比较人烟稠密,交通便利的镇市,来分设阅书报处。

3. 办法——借用公共房屋,或租用民房,布置一间阅书报室。由总馆派往一人管理,其工作除将室内的书报,借民众阅读外,并可代民众借阅总馆之书,更可干演讲,答问,代笔,及其他的活动教学事宜。

4.注意点——总馆每周至少派员前往视导一次,一面督促管理员工作之求精。一面乘机举行公开演讲,凡总馆之有展览会等,在阅书报处,均可轮值举行,以鼓起民众之信仰。

5.用品——最主要的工具,为图书和日报,其他凡一机关所应有的用品甚多,兹不列举。

(十)公布民众教育机关活动事业的消息

1.目的——使民众注意,并参加各民众教育机关的活动事业。

2.办法——将本地民众教育机关,所要举行的展览会,游艺会,或名人讲演消息,露布在馆中阅报室内,布告栏内,馆外各壁报上,以及各推广事业所到的地方,其方法或撰成消息,或印成传单,或制成广告,分布四处。

3.注意点——例某机关于何日将有名人演讲,那末民众圈须先探悉其讲题,将凡于讲题有关的参考书,一起检出来陈列,使民众阅读,则于听讲时,可以兴味更浓。

(十一)初高级识字班

1.目的——导引一字不识的,及稍识数字的民众,踏进可以自学自习的路上去。

2.地点——或在馆内,或借学校。

3.办法——按民众的职业和需要,分组教之。每晚至少有一小时的教室作业,其他与民众学校类同,不赘述。

4.注意点——初级识字班,须注重识基本字。高级班除识字外,尤须练习文字的应用,和读书的方法。

5.用品——最主要的,为自编或选用。适合各组应用的文字单,他若笔,墨,簿册,黑板等,亦与民众学校相同,故不列举。

(十二)流动教学

1.目的——一面使无暇加入识字班的民众,可以识字。一面可以试验个别教学的方法,作为个别阅读指导的参考。

2.学生——选馆附近之邻居,约一二十家,不论男女成年,均可加入。

3.办法——先调查各生的年龄,职业,需要,兴趣和智力,然后有用同一教材之书去试验教学的,有用不同教法的去试验的。每日须将各生之教学过程,填在各生的考查表上,以备考查。

4.注意点——例二人年龄和职业均相同,或因需要的不同,或因兴趣的不同,或因智力的不同,或因教法的不同,而有差异。又例研究某生为何每日进度有不同,那末就要注意某生当受教时的环境和心境,文字的深浅,及教法的过程等。在流动教学时,也可以实施家庭访问的工作,也可以干答问代笔的工作。

5.用品——教材,学生识字进度记载表,布黑板,粉笔,石笔,石板,毛算盘等。

(十三)各科补习班

1.目的——使已识字的民众,得以继续其智能的生长,来促进其阅读图书的兴趣和习惯。

2.学生——凡程度已高过阅读辅导班的,而对于其职业上,有志欲深造的阅者。

3.办法——按照程度,需要,及职业,分别开设国文补习班,算学补习班等。此种班级,可设在馆内。如学生均为商人,则每人可入一班,不必天天授课,一星期能上三次亦够了。因为天天有课,势必因店务关系,不能到班。每科至多以半年为期,若能多办各科短期班,则更合民众心意。教法当用设计自动法,课外作业,尤须加紧,以使班员多得利益。每次亦可指定参考书数册,令彼等参考。

4.注意点——每班班员程度,切不可相差太远,人数亦不可过四十人,若某人无故连续五次缺课者,即可令其退学。

5.用品——最主要的,为教本,参考书,普通参考书,成绩记载簿,以及笔,墨,点名册等。

（十四）编印民众书报

1.目的——藉以鼓起民众阅读的兴趣,供给民众适宜的读物,并宣传馆内的事业。

2.办法——若所有的文稿,为馆内经济能力所不许可自印书报的,则可与地方日报馆商议,每半月或每月出版一次,例江阴巷实验民众圃,初,曾出版《民友月报》,大半材料,均由来馆阅者投登,后因经费不足,即在《国民导报》上,每半月出《青年商人》副刊。稿由读书会会员撰投,编辑及接洽印刷之责,均由馆内指导员负之。若有实验研究的结果,真正可以为他人取法者,则亦可印书发行。

3.注意点——凡出版物,是供民众读的,如民众报之类,其材料须多取自阅者。如是则可以使阅者练用文字,发表思想,并且他们的作品,往往是较合与他们程度相等的民众读的。惟编辑内容之分栏,可由指导员规定之。每月亦可指定读书会会员,或某阅者,特撰何种稿件。

（十五）印发联合书目

1.目的——从各机关所有的图书,互相流通中,可以使各地民众,得到更多的书来阅读。

2.办法——民众圃可与同地方之各民众教育机关,订定图书互借办法。并将各机关之书,印成联合书目,分发各机关的阅者。如阅者要借某馆之某书时,可由馆内代为借到,供其阅览。

3.注意点——这项事业,是可以使各机关之选购图书,亦有一种统盘的筹划,不致大家采购重复的图书。

（十六）识字运动

1.目的——激起民众了解识字的重要,促进民众需要识字的欲望,达到人皆识字读书的目的。

2.办法——民众圃对于识字运动之工作,可以分三时期来讲。

A 总运动期前的工作——调查和诱导。

（1）调查——如文盲的调查，有知识者的调查，来馆阅览人的调查，及民众为何不需要文字的调查。

（2）诱导——如馆内关于识字方面图单的张贴，识字人与不识字人模型的陈列，奖励常来馆阅书的人，及个别谈话。

B 总运动期内的工作——宣传和布置。

（1）宣传——如张贴标语和图画，劝学文的印发，化装演讲队的出发，在指定壁报处的讲演，及在馆内举行大规模的表演大会。

（2）布置——如在馆门口扎挂识字运动的大字牌，各室贴苦学成大儒，自学成名人，识字与不识字的苦乐，及家庭连环教学法等的图画。将各业所当读之书，分别陈列。且印成目录，赠送民众。并可特约本地各书局，选民众合用的图书，来馆展览，及图和书连环式的陈列。

C 总运动期后的工作——教学和鼓吹。

（1）教学——如露天识字处，流动教学识字班，各业补习班，及读书法的讲演会。

（2）鼓吹——如不识字的民众，向有钱有力的人，请愿开设识字读书教学机关，辅助其他各种公益机关，开办民众学校。向来馆阅览的人，解明他们应该对于不识字者做的工作。使实现连环教学的效能，常在报纸或馆内出版物上登载，关于各地识字运动的消息，和本地开办民众学校的新闻。

3．注意点——识字运动，是民众圕的最初步，最基本的工作，所以馆员应该天天在干这个运动。

4．用品甚多，不赘列举。

（十七）代阅者购书

1．目的——使民众因得便利和便宜，乐于来馆阅读书报。

2．办法——凡民众要自购书籍，或拟购何种书籍，可向民众圕的图书代购部，索取托购图书单填写。如是圕，就可以尽指导采购,及代购图书的工作。

3.注意点——圕向各书局采购图书,普通的均有优待办法。所以圕代民众购买图书,亦可用优待券代买。此与书局无所损失,而与民众则所得不少,与圕事业之扩充,更有大助。

4.用品——托购图书单,书局目录等。

（十八）联络事业　与家庭联络,则家长教育,儿童教育,家庭访问,家庭书库,皆可渐次举办。与学校联络,则学校书库,可以举办,民校教室,可以借用。与其他民众教育机关联络,则可以集中力量,推行民众教育事业。举凡一切大规模的宣传和运动,亦均可轻而易举。

以上各种推广事业,其要点均已简略陈述,其详细办法,则可因地制宜。凡此种种,皆为民众圕分内应为之事,故若要名之曰民众圕的活动事业,亦无不可。

我们若要我国民众圕事业的推行,与美国相埒,则非特要在图书管理上改良,要在阅读指导上尽责,更要在推广事业上努力才兴。

附录 圕法规七种

一、图书馆规程

民国十九年教育部公布

第一条　各省及各特别市应设圕储集各种图书供公众阅览各市县得视地方情形设置之

第二条　私法人或私人得依本规程之规定设立图书馆

第三条　各省市县所设之图书馆称公立图书馆私法人或私人所设者称私立图书馆

省立或特别市立图书馆以省或特别市教育行政机关为主管机关

市县立图书馆以市县教育行政机关为主管机关

私立图书馆以该图书馆所在地之教育行政机关为主管机关

第四条　省立或特别市立图书馆设置时应由主管机关呈报教育部备案市县立图书馆设置时应由主管机关呈报教育厅备案呈报时应开具下列各款

一　名称

二　地址

三　经费（分临时费与经常费二项并须注明其来源）

四　现有书籍册数

五　建筑图式及其说明

六　章程及规则

七　开馆日期

八　馆长及馆员学历经验职务薪给等

私立图书馆由董事会开具前项所列各款及经费管理人之姓名履历呈请主管机关核明立案并由主管机关转呈上级教育行政机关备案

图书馆之名称地址经费建筑章程馆长保管人等如有变更时应照本条之规定分别呈报

第五条　公立图书馆停办时须由主管机关呈报上级教育行政机关备案私立图书馆停办时须经主管机关核准并由主管机关转呈上级教育行政机关备案

第六条　公立图书馆除搜集中外各书籍外应负责收集保存已刊未刊各种有价值之著作品

第七条　图书馆为便利阅览起见得设分馆巡回文库及代办处并得与就近之学校订特别协助之约

第八条　图书馆得设馆长一人馆员若干人

馆长应具下列资格之一

一　国内外图书馆专科毕业者

二　在图书馆服务三年以上而有成绩者

三　对于图书馆事务有相当学识及经验者

第九条　图书馆职员每年三月底应将办理情形报告于主管机关

第十条　省市县立图书馆及私立图书馆之概况每年六月底由省教育厅或特别市教育局汇案转报教育局一次

第十一条　私立图书馆以董事会为设立者之代表负经营图书馆之全责

私立图书馆董事会有处分财产推选馆长监督用人行政议决预

算决算之权私立图书馆董事会之董事第一任由创办人延聘以后由该会自行推选

第十二条　私立图书馆董事会应于成立时开具下列各款呈请主管机关核明立案并由主管机关转呈上级教育行政机关备案

一　名称

二　目的

三　事务所之地址

四　关于董事会之组织及职权之规定

五　关于资产或资金或其他收入之规定

六　董事姓名籍贯职业及住址

上列各款如有变更须随时呈报主管机关

第十三条　私人资财设立或捐助图书馆者得由主管机关遵照捐资兴学褒奖条例呈报教育部核明给奖

第十四条　本规程自公布日施行

二、民众圕办法

民国十九年吉林省教育厅公布

第一条　民众圕以宣扬党化教育灌输民众常识为宗旨

第二条　如市县及区乡镇均须筹设民众圕

第三条　民众教育馆内得附设民众圕或于图书室内多备民众图书

第四条　其已设圕之市县须于该馆内添购民众图书

第五条　民众圕应参照教育厅编发之民众图书目录尽量购置最低限度亦须购足五分之四

第六条　书报依其性质分别陈列并用直接陈列法以便随时阅

览但书报丰富或馆地狭小得兼采直接间接陈列二法

第七条　馆中设指导员一人负指导及保管之责任

第八条　民众圃得兼办巡回文库并得另设指导员一人司输送图书及指导阅览之责不能另设指导员者得由演讲员兼司其事

第九条　民众圃阅览规则自行订定但须呈厅备案

第十条　本大纲自呈准公布之日施行

三、江苏省各县县立图书馆组织暂行规程

民国二十一年十月江苏省政府委员会
第五三六次会议修正通过

第一条　各县县立图书馆依本规程组织之

第二条　各县县立图书馆设馆长一人秉承教育局长主持一切馆务馆长任免及待遇规程另订之

第三条　各县县立图书馆为办事便利起见得分设下列各部

(一)总务部　庶务会计等属之

(二)选购部　图书之选择购买征求介绍登录文换寄存等属之

(三)编目部　图书目录之编制整理及图书增减调查等属之

(四)指导部　指导阅览答复问题讲演书报内容等属之

(五)保管部　图书之保管整理收发以及报纸剪裁汇集等属之

(六)推广部　书报之介绍编辑刊印审定取缔及一切推广事项等属之

以上各部得视地方情形全数设置或先设数部或酌量合并设置

第四条　各县县立图书馆各部设部主任一人商承馆长分掌各

部事务设干事若干人承馆长及部主任之指挥分任各项事项部主任干事任免及待遇规程另订之

第五条　各县县立图书馆于必要时得设书记

第六条　各县县立图书馆设馆务会议由馆长召集全体馆员组织之以馆长为主席

第七条　各县县立圕得设下列各项阅览室由馆长指定部主任或干事管理之

（一）普通阅览室

（二）特别阅览室

（三）妇女阅览室

（四）儿童阅览室

第八条　各县县立圕得设立各种委员会

第九条　各县县立圕须附设巡回文库及民众阅报处等

第十条　本规程由江苏省政府委员会议决公布施行

四、江苏省各县县立图书馆馆长任免及待遇暂行规程

民国二十一年十月江苏省政府委员会第五三六次会议修正通过

第一条　圕馆长由教育局长商同县长选荐合格人员呈请教育厅核准派充

第二条　圕馆长以人格高尚服膺党义并具有下列资格之一者为合格

一　大学或专门学校毕业并于圕学有相当研究者

二　中等学校毕业并曾修习圕学专科得有毕业证书者

三　中等学校毕业曾任圕主要职务三年以上著有成绩者

四　国学确有根底对于圕学及社会教育有相当研究者

前项被选荐人员应先行拟具计划书连同履历毕业文凭服务证书及著作品送县教育局审查后由局呈县政府转呈教育厅核委

第三条　圕馆长以久任为原则但有下列情事之一经省督学县政府或教育局查明属实者呈准教育厅撤换之

一　违背本党党义或中华民国教育宗旨者

二　违背法令者

三　治事不力改进无方者

四　操守不谨侵蚀公款者

五　行为不检人格堕落者

六　身心缺陷不能执行职务者

第四条　圕馆长不能兼任馆内外任何有给职务

第五条　圕馆长之月俸标准规定如左

职务\等级	第一级	第二级	第三级	第四级	第五级	第六级
馆长	六〇—五五	五五—五〇	五〇—四五	四五—四〇	四〇—三五	三五—三〇
说明	一　以上俸额包括膳费在内 二　以上级别以个人学历成绩及各县经济情形为区别之标准 三　各县遇有特别情形得由教育局长另拟标准呈县转厅核准施行					

第六条　圕馆长年功加俸奖励金养老金恤金等项标准另订之

第七条　圕馆长服务细则另订之

第八条　本规程由江苏省政府委员会议决公布施行

五、江苏省各县县立图书馆馆员聘任及待遇暂行规程

民国二十一年六月江苏省教育厅公布

第一条　圕馆员分指导员事务员二种均由馆长聘任呈由县教育局报厅备案

第二条　圕馆员以人格高尚服膺党义并具有下列资格之一者为合格

甲　指导员

一　大学或专门学校毕业者

二　中等学校毕业对于图书具有解难析疑之知能者

三　国学具有根底对于阅览人善于诱导者

乙　事务员

一　具有本条甲项资格之一者

二　曾任教育职务一年以上对于圕学有相当研究者

第三条　圕馆员聘任期间以一年为一期新聘馆员以半年为一期期满经考查确有成绩者得继续聘任

第四条　圕馆员在聘约期间未满时不得任意撤换但有下列情事之一经查明属实者由馆长呈准教育局长撤换之

一　违背本党党义或中华民国教育宗旨者

二　违背法令者

三　治事不力改进无方者

四　操守不谨侵蚀公款者

五　行为不检人格堕落者

六　身心缺陷不能执行职务者

第五条　圕馆员之月俸标准规定如左

等级 / 职务	第一级	第二级	第三级	第四级	第五级
指导员	四五—四○	四○—三五	三五—三○	三○—二五	二五—二○
事务员	三五—三○	三○—二五	二五—二○	二○—一五	一五—一二
说明	一　以上俸额包括膳费在内 二　以上级别以个人学历成绩及各县经济情形为区别之标准 三　各县遇有特殊情形得由教育局长另拟标准呈县转厅核准施行				

第六条　圕馆员年功加俸奖励金养老金恤金等项标准另订之

第七条　圕馆员服务细则另订之

第八条　本规程由江苏省政府委员会议决公布施行

六、江苏省各县图书馆馆长服务细则

民国二十一年六月江苏省教育厅公布

第一条　本细则依照江苏省各县圕馆长任免及待遇暂行规程第八条之规定订定之

第二条　圕馆长之任务规定如下

一　每学期开始前制订本馆进行计划

二　每学期开始前制订本馆行事历及工作预定表

三　每年度开始前支配馆员之任务及俸额

四　每年度开始前及终了后编制本馆预算及决算

五　每月召集馆务会议一次并为主席

六　每月终召集经济稽核委员会稽核收支报告

七　每月终编造本馆工作报告

八　每日考查馆员服务状况并加以指导

九　每日记载本馆大事记及重要教育消息

十　定期考察本区民众教育状况并参加各种民众运动

十一　裁可馆员之建议及工作

十二　制订本馆各项规程及章则

十三　代表本馆对外接洽

十四　办理教育局指定事项

十五　处理日常馆务

第三条　圕馆长除考察本区民众教育外每日须按照办公时间在馆办公

第四条　圕馆长不得兼任有给职务

第五条　圕馆长如因事请假非先呈请教育局核准不得离馆在请假期间并须于馆中指定代理人负责执行

第六条　圕馆长每学期终了须将馆务状况工作要项服务心得等缮具详细报告呈由教育局转送教育厅备核

第七条　本细则由江苏省教育厅公布施行

七、江苏省各县图书馆馆员服务细则

民国二十一年六月江苏省教育厅公布

第一条　本细则依照江苏省各县圕馆员聘任及待遇暂行规程第七条之规定订定之

第二条　圕馆员之任务规定如下

一　选购部馆员之任务

(一)掌理书报图表之选择与购置并拟具逐年选购之计划

244

（二）征集各种图书目录图书群报及关于图书之广告等

（三）征集并交换各种刊物

（四）请求专家介绍各种书报

（五）登录并公布新到图书杂志等

（六）其他关于本部应办事项

二　编目部馆员之任务

（一）掌理图书分类并编制图书目录

（二）制订各种目录卡片并编号陈列

（三）编制各种书报详细索引及提要

（四）调查并统计各类图书之册数及历年增减之状况

（五）协助选购部办理关于登录事项

（六）其他关于本部应办事项

三　指导部馆员之任务

（一）设计鼓舞民众读书之兴趣并设法增加阅读人数

（二）举行民众阅读指导并定期演讲各种书报内容

（三）组织民众谈书会儿童读书会

（四）解答民众读书方面之困难问题

（五）统计阅书之人数阅书之种类并编为报告

（六）其他关于本部应办事项

四　保管部馆员之任务

（一）保管本馆图书并分类陈列

（二）检查书籍有无损坏蛀虫断线等

（三）装订杂志报章并摘要加以剪裁

（四）掌理书籍之修补与曝晒

（五）管理图书之借出与取还事项

（六）其他关于本部应办事项

五　推广部馆员之任务

（一）举办民众学校识字班民众问字处民众代笔处等

（二）协助行政机关举行识字运动

（三）介绍并编辑各种浅近之民众读物

（四）检查各种不良之民众读物并随时报告教育局设法取缔

（五）主持图书巡回事项

（六）定期举行读书宣传比赛读书测验等

（七）其他关于本部应办事项

六　总务部馆员之任务

（一）保管经济及帐册

（二）编制收支报告及单据簿册等

（三）协助馆长办理预算及决算

（四）购置并保管各种应用物品

（五）管理本馆之清洁与卫生

（六）分配馆役之任务并促督其工作

（七）撰拟收发并保管各种文件

（八）协助馆长办理工作报告

（九）编制各种统计及报告

（十）编辑并发行各种刊物

（十一）代表馆长出席馆外各种集会

（十二）其他关于本部应办事项

第三条　圖馆员除因工作外出外均须依照办公时间在馆办公

第四条　圖馆员均为专任职不得兼任馆外任何职务

第五条　圖馆员如因事请假应请人代理职务但须得馆长之同意

第六条　圖馆员须依照规定出席馆务会议如因事不能出席时须先期请假

第七条　圖馆员均有协助馆长改进馆务之责

第八条　本细则由江苏省教育厅公布施行

246